Kohlhammer

Autorinnen und Autoren

Jens Kleinert
Prof. Dr. Jens Kleinert, Dipl.-Sportlehrer; approb. Arzt; Leiter der Abteilung Gesundheit & Sozialpsychologie des Psychologischen Instituts der Deutschen Sporthochschule Köln (DSHS); Arbeitsschwerpunkte Motivation, Emotion, Psychische Gesundheit, Stress, Gruppe/Beziehung; 2004–2006 Professur für Sport und Gesundheit am Institut für Sportwissenschaft der Universität Würzburg; seit 2006 Professur für Sport- und Gesundheitspsychologie an der DSHS Köln; seit 2014 und bis 2024 Prorektor für Studium und Lehre der DSHS Köln.

Almut Zeeck
Prof. Dr. Almut Zeeck, FÄ für Psychosomatische Medizin und Psychotherapie, FÄ für Psychiatrie und Psychotherapie, Zusatzbez. Psychoanalyse, ist stellvertretende ärztl. Direktorin an der Klinik für Psychosomatische Medizin und Psychotherapie am Universitätsklinikum Freiburg; Koordinatorin der Arbeitsgruppe Anorexia Nervosa für die S3-Leitlinie Diagnostik und Therapie der Essstörungen, Gründungsmitglied der Deutschen Gesellschaft für Essstörungen (DGESS); Forschungsschwerpunkte: Essstörungen, Essstörungen und Sport, Psychotherapieforschung, Versorgungsforschung.

Heiko Ziemainz
PD Dr. Heiko Ziemainz, Akademischer Direktor am Department für Sportwissenschaft und Sport an der Friedrich-Alexander-Universität Erlangen-Nürnberg, u.a. verantwortlich für den Bereich Sportpsychologie, Schwimmen und Triathlon; Forschungsschwerpunkte: Sportsucht, Lauftherapie, Sportpsychologische Trainingsverfahren, Wohlbefinden und Sport.

Unter Mitarbeit von
Hanna Raven und **Anna Wasserkampf**, beide Psychologisches Institut der Deutschen Sporthochschule Köln.

Jens Kleinert
Almut Zeeck
Heiko Ziemainz

Sportsucht und pathologisches Bewegungsverhalten

Verlag W. Kohlhammer

Dieses Werk einschließlich aller seiner Teile ist urheberrechtlich geschützt. Jede Verwendung außerhalb der engen Grenzen des Urheberrechts ist ohne Zustimmung des Verlags unzulässig und strafbar. Das gilt insbesondere für Vervielfältigungen, Übersetzungen und für die Einspeicherung und Verarbeitung in elektronischen Systemen.
Pharmakologische Daten verändern sich ständig. Verlag und Autoren tragen dafür Sorge, dass alle gemachten Angaben dem derzeitigen Wissensstand entsprechen. Eine Haftung hierfür kann jedoch nicht übernommen werden. Es empfiehlt sich, die Angaben anhand des Beipackzettels und der entsprechenden Fachinformationen zu überprüfen. Aufgrund der Auswahl häufig angewendeter Arzneimittel besteht kein Anspruch auf Vollständigkeit.
Die Wiedergabe von Warenbezeichnungen, Handelsnamen und sonstigen Kennzeichen berechtigt nicht zu der Annahme, dass diese frei benutzt werden dürfen. Vielmehr kann es sich auch dann um eingetragene Warenzeichen oder sonstige geschützte Kennzeichen handeln, wenn sie nicht eigens als solche gekennzeichnet sind.
Es konnten nicht alle Rechtsinhaber von Abbildungen ermittelt werden. Sollte dem Verlag gegenüber der Nachweis der Rechtsinhaberschaft geführt werden, wird das branchenübliche Honorar nachträglich gezahlt.
Dieses Werk enthält Hinweise/Links zu externen Websites Dritter, auf deren Inhalt der Verlag keinen Einfluss hat und die der Haftung der jeweiligen Seitenanbieter oder -betreiber unterliegen. Zum Zeitpunkt der Verlinkung wurden die externen Websites auf mögliche Rechtsverstöße überprüft und dabei keine Rechtsverletzung festgestellt. Ohne konkrete Hinweise auf eine solche Rechtsverletzung ist eine permanente inhaltliche Kontrolle der verlinkten Seiten nicht zumutbar. Sollten jedoch Rechtsverletzungen bekannt werden, werden die betroffenen externen Links soweit möglich unverzüglich entfernt.

1. Auflage 2020

Alle Rechte vorbehalten
© W. Kohlhammer GmbH, Stuttgart
Gesamtherstellung: W. Kohlhammer GmbH, Heßbrühlstr. 69, 70565 Stuttgart
produktsicherheit@kohlhammer.de

Print:
ISBN 978-3-17-035637-5

E-Book-Formate:
pdf: ISBN 978-3-17-035638-2
epub: ISBN 978-3-17-035639-9
mobi: ISBN 978-3-17-035640-5

Geleitwort der Reihenherausgeber

Während einzelne Berichte über suchtartige Verhaltensweisen im Kontext von Bewegung und Sport (Anorexia nervosa, Marathonläufer, Gewichtheber etc.) schon seit vielen Jahren kursieren, ist die systematische empirische Erarbeitung dieses für die Gesellschaft zunehmend wichtigen Feldes erst in den letzten Jahren gelungen.

Durch die Konzeptualisierung der Verhaltenssüchte ist es möglich, typische suchtartige Handlungsweisen und Erlebensweisen bei Menschen mit intensiver oder exzessiver Sportausübung und Bewegungsdrang zu beschreiben und einer Therapie zugänglich zu machen. Es ist dem interdisziplinären Autorenteam zu verdanken, nicht nur die psychologischen sondern auch die sportsoziologischen und die den einzelnen Bewegungs- und Sportarten immanenten besonderen Mechanismen darzustellen. Selbstverständlich ist auch bei diesen Störungen sehr auf die Komorbidität und deren Behandlung zu achten, allerdings erklärt diese Komorbidität vor allem bei schweren Fällen nicht die gesamte Varianz und es sind auch Konzepte der Verhaltenssüchte anzuwenden, um den Klienten zu helfen.

Entscheidend ist hierbei die Kenntnis und Wachsamkeit von Psychotherapeuten und Psychiatern aber auch anderen Berufsgruppen, exzessives Sport- und Bewegungsverhalten nicht nur als kuriose Normvariante oder modische Welle abzutun, sondern den Leidensdruck und die dahinterliegenden Motivationen und Mechanismen beim Patienten zu erkennen.

Oliver Bilke-Hentsch, Luzern
Euphrosyne Gouzoulis-Mayfrank, Köln
Michael Klein, Köln

Inhalt

Geleitwort der Reihenherausgeber 5

| 1 | Einführung | 13 |

Jens Kleinert, Almut Zeeck und Heiko Ziemainz

| 2 | Bestimmungsmerkmale und Kriterien der Sportsucht | 16 |

Jens Kleinert

2.1	Bestimmungsmerkmale der Sportsucht	17
2.1.1	Exzessives Sporttreiben	18
2.1.2	Maladaptivität	19
2.1.3	Leidensdruck und Krankheitseinsicht	21
2.1.4	Zwangserleben	22
2.2	Kriterien der Sportsucht	23
2.2.1	Toleranzentwicklung	25
2.2.2	Entzugssymptome	26
2.2.3	Non-Intentionalität	27
2.2.4	Kontrollverlust	28
2.2.5	Aufwand	28
2.2.6	Soziale Vernachlässigung und Konflikt	30
2.2.7	Maladaptive Kontinuität	30
2.3	Bedeutung von Suchtkriterien für die Sportsucht	31

Inhalt

| 3 | Epidemiologie der Sportsucht | 33 |

Jens Kleinert

3.1	Zur Methodik im Rahmen der Epidemiologie der Sportsucht	35
3.2	Prävalenz der Sportsucht bei Sporttreibenden	37
3.3	Prävalenz der Sportsucht in der Gesamtbevölkerung	40
3.4	Primäre und sekundäre Sportsucht	41

| 4 | Verhaltensspezifika | 44 |

| 4.1 | Formen, Typisierung und Komorbidität der Sportsucht | 44 |

Jens Kleinert

4.1.1	Drei-Achsen-Typisierung der Sportsucht	46
4.1.2	Ätiologische Typisierung: Primäre vs. sekundäre Sportsucht	46
4.1.3	Verhaltensregulative Typisierung: egosyntone vs. egodystone Sportsucht	48
4.1.4	Aktivitätsgebundene Typisierung: Ausdauer-, Ästhetik- und Erlebnistyp	50
4.1.5	Komorbidität	51
4.2	Sportsucht und Ausdauersport	53

Heiko Ziemainz

4.2.1	Ausdauer	54
4.2.2	Prävalenz	55
4.2.3	Sportsucht und Ausdauersportart	56
4.2.4	Sportsucht und Geschlecht	57
4.2.5	Sportsucht und Alter	58
4.2.6	Sportsucht und Trainingsalter/ Belastungsnormative im Ausdauersport	58
4.2.7	Probleme	59

4.3	Essstörungen und Sportsucht *Almut Zeeck*	60
4.3.1	Symptomatik	62
4.3.2	Sportsucht bei Essstörungen: Risikofaktoren und Ätiologie	69
4.3.3	Häufigkeit	71
4.3.4	Klinische Bedeutung	72
4.4	Muskeldysmorphie und Sportsucht *Almut Zeeck*	73
4.4.1	Muskeldysmorphie: Symptomatik und diagnostische Kriterien	74
4.4.2	Der Drang nach Muskularität – ein männliches Problem? Risikofaktoren und Ätiologie	75
4.4.3	Häufigkeit	80
4.4.4	Muskeldysmorphie und Sportsucht	81
4.5	Self-Tracking und Sportsucht *Jens Kleinert, Hanna Raven und Anna Wasserkampf*	83
4.5.1	Zum Phänomen des Self-Tracking	83
4.5.2	Motivation zum Self-Tracking	86
4.5.3	Self-Tracking und Sportsucht	87
4.5.4	Fazit	88
4.6	Sportsucht im Fitness- und Kraftsport *Heiko Ziemainz*	89
4.6.1	Begriffsklärung	90
4.6.2	Untersuchungen im Bereich Sportsucht und Kraftsport	91
4.6.3	Probleme	96

5	**Ätiologische und psychosoziale Aspekte der Sportsucht**	**98**
5.1	Modelle und Erklärungsansätze von Sportsucht *Heiko Ziemainz*	98

5.1.1	Physiologisch-orientierte Erklärungsansätze	101
5.1.2	Psychologisch orientierte Erklärungsansätze	104
5.1.3	Multidimensionale prozessorientierte Modelle	108
5.2	Sportsucht und Leidenschaft *Jens Kleinert*	120
5.2.1	Harmonische und obsessive Leidenschaft	120
5.2.2	Zusammenhänge von Sportleidenschaft und Sportsucht	122
5.2.3	Fazit	124
5.3	Selbstideal, Körpererleben und Sport *Almut Zeeck*	125
5.3.1	Einfluss sozialer Normen auf Selbstideal und Körpererleben	126
5.3.2	Selbstideal und Sportsucht	128

6	**Diagnostik der Sportsucht**	**131**
6.1	Fragebögen zur Erfassung der Sportsucht *Jens Kleinert*	131
6.1.1	Übersicht zu bestehenden Instrumenten	133
6.1.2	Güte von Sportsuchtfragebögen	134
6.1.3	Sportsuchtfragebögen in der klinischen Diagnostik	135
6.2	Klinische Diagnostik der Sportsucht *Jens Kleinert, Almut Zeeck und Heiko Ziemainz*	143
6.2.1	Meta-Kriterien der klinischen Diagnose	144
6.2.2	Methoden der klinischen Diagnostik	148
6.2.3	Differentialdiagnostik	156

7 Therapie und Prävention 157

7.1	Therapeutische Ansätze bei Sportsucht	157
	Almut Zeeck	
7.1.1	Ziele der Therapie	158
7.1.2	Behandlungskomponenten	160
7.1.3	Sportsucht bei Essstörungen	165
7.1.4	Beispiele für ambulante Programme	167
7.1.5	Beispiele für stationäre Programme	170
7.1.6	Muskeldysmorphie	174
7.2	Prävention der Sportsucht	175
	Jens Kleinert	
7.2.1	Formen der Prävention	175
7.2.2	Zielbereiche von Gesundheitsförderung und Prävention der Sportsucht	177
7.2.3	Psychosoziale, gesundheitsförderliche Ziele von Sport	177
7.2.4	Prävention der Sportsucht	179
7.2.5	Früherkennung	181
7.2.6	Maßnahmenebenen und Fazit	182

8 Ausblick 184

Jens Kleinert, Almut Zeeck und Heiko Ziemainz

Literatur 187

Stichwortregister 209

1

Einführung

Jens Kleinert, Almut Zeeck und Heiko Ziemainz

Herr W. (24) wird an eine psychosomatische Ambulanz verwiesen. Seine körperliche Verfassung ist bedenklich. Auffallend sind schlechte Stoffwechselwerte, seine Fußsohlen sind teilweise blutig, sein Puls ist kritisch niedrig ($<$ 30 Schläge/Min.), sein Körpergewicht liegt bei einem BMI von 19 kg/m^2. In der Anamnese zeigt sich, dass Herr W. ein Lauftraining von durchschnittlich 100 km pro Woche durchführt. Als er wegen einer Ermüdungsfraktur das Lauftraining unterbrechen musste, kam es zu einer depressiven Krise. In dieser Zeit hatte er Angst zuzunehmen, und sein BMI sank auf 17,0 kg/m^2.

1 Einführung

> Freunde habe er eigentlich nie gehabt, vermisse sie auch nicht. Das Laufen sei für ihn der einzige Weg, mit Konflikten und Anspannung umzugehen. Die Sorgen der Ärzte verstehe er nicht wirklich. Eigentlich ginge es ihm soweit gut. Er wolle weiter trainieren. Das Laufen sei das einzige, was er habe.

Vieles in diesem Fallbeispiel wirkt zweifellos »unnormal« oder »krankhaft«. Sporttreiben ist für Herrn W. offensichtlich etwas Zwanghaftes, nicht Kontrollierbares. Er treibt Sport, obwohl er sich selbst hierdurch Schaden zufügt – körperlich, psychisch und vermutlich auch sozial. Dieses Zusammentreffen von Selbstschädigung, exzessivem Ausmaß von Sportaktivität und fehlender Kontrolle des eigenen Verhaltens legen den Verdacht auf eine *Sportsucht* nahe.

Das Phänomen Sportsucht geht geschichtlich auf eine Studie aus dem Jahr 1970 zurück: Baekeland (1970) beobachtete im Rahmen einer eigenen Untersuchung, dass einzelne Probanden selbst durch Geld nicht dazu zu bewegen waren, ihr Sporttreiben für eine bestimmte Zeit aufzuhören. Er vermutete einen suchtartigen Hintergrund. Seitdem wurden eine Vielzahl von Studien durchgeführt, die Sportsucht näher beschrieben haben und ihre Bedingungen analysierten (s. die Übersichtsarbeiten von Adams und Kirkby 2002, Adams et al. 2003, Allegre et al. 2006, Breuer und Kleinert 2009, De Coverley Veale 1987, Hausenblas und Symons Downs 2002a, Kleinert 2014).

Anfangs haben sich Untersuchungen zur Sportsucht auf extreme Ausdaueraktivitäten (z. B. Laufen, Schwimmen, Radfahren) beschränkt. Suchtartiges Verhalten kann jedoch im Grunde bei jeder Form von Bewegungsaktivität entstehen, beispielsweise im Fitnesstraining oder Erlebnisbereich, weswegen wir in diesem Buch neben Sportsucht auch von suchtartigem Bewegungsverhalten sprechen.

Mit dem vorliegenden Buch wollen wir den aktuellen Stand zum Thema Sportsucht aufbereiten. Dies betrifft insbesondere begriffliche Fragen (z. B. Definitionen; ▶ Kap. 2), aber auch Fragen der Häufigkeit des Auftretens (▶ Kap. 3). Weiterhin werden typische Felder für das Auftreten von Sportsucht (z. B. Ausdauersport, Fitnesssport) sowie Zusammenhänge mit anderen Störungsbildern (z. B. Essstörungen,

Muskeldysmorphie) erläutert (▶ Kap. 4). Nach einer Darstellung von pathogenetischen Modellen und Entstehungsbedingungen (▶ Kap. 5) werden abschließend diagnostische (▶ Kap. 6) und präventive sowie therapeutische Ansätze (▶ Kap. 7) besprochen.

Dieses Buch soll aber auch verdeutlichen, in welcher Form sich Sportsucht oder suchtartiges Bewegungsverhalten von einer gesunden, für die persönliche Entwicklung positiven Bewegungs- und Sportaktivität unterscheidet. Denn unter dem Strich bleiben Sport und Bewegung etwas, was entscheidende und positive Effekte für die psychische Gesundheit (Biddle und Asare 2011), für die Therapie und Rehabilitation körperlicher Erkrankungen (Rost 2005) und auch im Falle von psychischen Erkrankungen (Hölter 2011) hat.

2

Bestimmungsmerkmale und Kriterien der Sportsucht

Jens Kleinert

In mindestens dreierlei Hinsicht ist die Definition der Sportsucht schwierig. Erstens ist es – wie auch bei anderen Verhaltenssüchten – schwer einzuschätzen, ab wann Sporttreiben tatsächlich als eine Sucht im krankhaften Sinne bezeichnet werden kann. Zweitens sind die Erscheinungsformen und Ausprägungen so vielfältig und unterschiedlich, dass es problematisch erscheint, *die* bzw. *eine* Sportsucht zu beschreiben. Und drittens ist auffälliges Sport- und Bewegungsverhalten in den meisten Fällen eng verbunden mit anderen psychischen Auffälligkeiten oder Störungen, weshalb es häufig nicht einfach ist, Sportsucht von anderen psychischen Erkrankungen klar abzugrenzen. Das vorliegende Kapitel fokussiert insbesondere die erste Herausforderung, nämlich die Frage, ab wann Sporttreiben oder körperliche Aktivität suchtartige Züge annehmen oder sogar als krankhaftes Verhalten bezeichnet werden müssen. Zur Beantwortung dieser Frage werden neben der vorliegenden Sportsucht-Literatur auch die grundsätzlichen Kriterien von Sucht und Abhängigkeit verwendet, wenn auch die Übertragung dieser Kriterien auf die Sportsucht mit Vorsicht vorgenommen werden muss.

2.1 Bestimmungsmerkmale der Sportsucht

Bereits die Vielzahl von Begrifflichkeiten, mit denen die Sportsucht umschrieben wird, zeigt die Uneindeutigkeit in ihrer Darstellung. Während im deutschsprachigen Raum zumeist von Sportsucht (»exercise addiction«) gesprochen wird, findet sich in der internationalen Literatur häufig auch der Begriff der Sportabhängigkeit (»exercise dependence«). Andere Umschreibungen bringen weitere Akzente ein, zum Beispiel die Zwanghaftigkeit des Verhaltens (»compulsive exercise«) oder die Verbindung mit Essstörungen (»running anorectics«). Schließlich zeigen frühere Wortschöpfungen, dass im Bereich des Laufsports die Anfänge der Sportsuchtforschung lagen (»obligatory runners«, »running addiction«). Im vorliegenden Buch werden wir der Einfachheit halber in der Regel den Begriff der Sportsucht verwenden, der alle Formen der bewegungsbezogenen Abhängigkeit miteinschließen soll. An Stellen, an denen der Begriff sehr weit gefasst gemeint ist, wird allgemeiner von »problematischem Sporttreiben« gesprochen.

2.1.1 Exzessives Sporttreiben

Das auf den ersten Blick zentrale Merkmal der Sportsucht ist sicherlich die Sport- und Bewegungsaktivität selbst. Daher ist ein auffallend hohes Ausmaß an körperlicher Aktivität trotz aller Schwierigkeiten, Sportsucht zu definieren, ein wichtiges Merkmal. Diese auch als »exzessives Sporttreiben« bezeichnete Auffälligkeit ist jedoch keinesfalls ausreichend, um Sportsucht im Sinne einer krankhaften Störung zu definieren. Der Sportumfang alleine ist somit kein hinreichendes wissenschaftliches oder klinisches Kriterium, was auch daran deutlich wird, dass hohe Sportumfänge im Leistungssport gang und gebe sind. So beschreiben Tucker und Collins (2012), dass zum Beispiel 1000 Trainingsstunden pro Jahr im Hochleistungsbereich vieler Sportarten eher die Regel als die Ausnahme sind. Solche wöchentlichen Trainingsumfänge von 20 oder mehr Stunden lassen sich sicherlich nicht abgrenzen vom Sportumfang eines Sportsüchtigen. Aufgrund dieser schweren Einschätzbarkeit exzessiver Sportaktivität als gut oder schlecht bzw. gesund oder krank wurde in der Vergangenheit grundsätzlich diskutiert, ob stark ausgeprägtes Sport- und Bewegungsverhalten problematisch ist oder behandelt werden muss. In diesen Diskussionen wurde auch häufig von einer »positiven« Sucht (»positive addiction«) gesprochen (Carmack und Martens 1979; Glasser 1976; De La Torre 1995), da ja umfangreicher Sport grundsätzlich auch zu positiven Konsequenzen führen kann (z. B. körperliche oder psychische Gesundheit). Der Begriff »positive Sucht« ist jedoch aus theoretischer und klinischer Sicht unangemessen, da bei einer Sucht laut Definition grundsätzlich die negativen Umstände die denkbaren positiven Aspekte des Verhaltens deutlich übersteigen. Mit dieser Lesart unterscheidet sich der wissenschaftliche Suchtbegriff von der manchmal im Alltag üblichen Art und Weise, das Wort »süchtig« zu verwenden (nämlich für etwas, was man besonders gern oder häufig macht).

Exzessives Sporttreiben ist im Sinne der Sportsucht als maßloses Sporttreiben zu verstehen. Maßlos heißt hier, »dies in einer übersteigerten, übertriebenen oder ausufernden Form – letztlich also in

2.1 Bestimmungsmerkmale der Sportsucht

ungewöhnlichem Umfang – zu tun; exzessiv bedeutet aber auch, Sport und Bewegung zügellos und unersättlich zu treiben, das heißt Grenzen sowie Zweck- oder Sinnbezüge zu missachten« (Kleinert et al. 2013). Es geht also bei der Beurteilung von »exzessiv« nicht oder weniger um die Einschätzung der Quantität, sondern vielmehr um die Einschätzung der Funktionalität und Sinnhaftigkeit. Daher sind hohe Sportumfänge im Leistungssport im Rahmen der beruflichen Sportkarriere als funktional (d.h. zweckmäßig) und meist auch sinnvoll einzustufen. Die Aspekte der Funktionalität und Sinnhaftigkeit berühren darüber hinaus die Frage des Kontrollverlustes, der als ein Grundkriterium von Verhaltenssüchten weiter unten (► Kap. 2) besprochen wird.

Auch in der Sportsuchtforschung finden sich Hinweise darauf, dass der bloße Umfang von Sport sich kaum als Kriterium für Sportsucht eignet (Bamber et al. 2003). So fanden Davis et al. (1993) heraus, dass zwischen Sportumfang und anderen Suchtsymptomen nur geringe Zusammenhänge bestehen. Andersherum stellt sich die Frage, ob eine Sportsucht auch bei einem geringen Umfang von Sport bzw. körperlicher Aktivität denkbar ist. Auch wenn hierzu bislang keine abschließende Antwort vorliegt, kann angenommen werden, dass (sehr) niedrige Sportumfänge das Vorliegen einer Sportsucht ausschließen (siehe aber besondere Aspekte des zwanghaften Sporttreibens bei Essstörungen, ► Kap. 4.3). Die Erfassung von Sportumfängen könnte daher meist zwar als Ausschlusskriterium dienen, aber kaum als hinreichendes Kriterium für Sportsucht.

2.1.2 Maladaptivität

Neben dem Begriff des exzessiven Sporttreibens ist der Begriff der *Maladaptivität* in Definitionen der Sportsucht sehr häufig zu finden (De Coverley Veale 1987; Hausenblas und Symons Downs 2002a). So beschreiben Symons Downs, Hausenblas und Nigg Sportsucht als »maladaptive pattern of excessive exercise behavior that manifests in physiological, psychosocial, and cognitive symptoms« (Symons Downs et al. 2004, S. 185). Von Maladaptivität kann dann gesprochen werden, »wenn das Sport- und Bewegungsverhalten die persönliche Entwicklung des Betroffenen langfristig und maßgeblich beeinträchtigt, behindert oder unterdrückt« (Kleinert 2014, S. 169). Diese negative Auswirkung des exzessiven Sport- oder Bewegungsverhaltens auf die eigene Entwicklung kann daher auch als Leitkriterium für die klinische Relevanz der Sportsucht dienen (Kleinert et al. 2013).

Die Ausprägungen von Maladaptivität sind ebenso wie die Ausprägungen von Entwicklungsprozessen mehrdimensional (d. h. körperlich, psychisch und sozial). In körperlicher Hinsicht zeigt sich eine maladaptive Entwicklung beispielsweise in häufigen Verletzungen oder Erkrankungen, die sich daraus ergeben, dass die Betroffenen zu viel trainieren und sich körperlich überfordern oder schwächen (z. B. mit negativen Auswirkungen auf den Bewegungsapparat oder auch das Immunsystem). In psychologischer Hinsicht könnten sich maladaptive Entwicklungen darin zeigen, dass das Selbst- und Körperkonzept leidet (z. B. Abhängigkeit des Selbstwerts von sportlicher Aktivität, depressive Stimmungslage, wenn kein Sport getrieben werden kann); aus sozialer Sicht sind typische Anzeichen einer maladaptiven Entwicklung Probleme in der Familie, in der Ausbildung oder im Beruf (z. B. Konflikte in Beziehungen aufgrund der hohen Bedeutung des Sports, sozialer Rückzug oder Vernachlässigung der beruflichen Ausbildung).

Wenn Sporttreiben nicht nur nach seinem Umfang, sondern nach seiner Bedeutung im Rahmen der Entwicklung des Betroffenen beurteilt wird, ist eine Unterscheidung von »normalem« und »krankhaftem« Sport- und Bewegungsverhalten deutlich einfacher: »In light of this definition pathogenic exercisers could be distinguished from the other high-volume exercisers, like athletes, who maintain control over their training, have a fixed schedule of training to also meet other life-obligations, and encounter no harmful or negative consequences as a result of their intensive training« (Egorov und Szabo 2013, S. 200).

2.1.3 Leidensdruck und Krankheitseinsicht

Neben dem Merkmal der Maladaptivität wird im Zusammenhang mit Suchtverhalten auch der Leidensdruck der Betroffenen hervorgehoben. Der subjektive Leidensdruck beschreibt ein Gefühl der Betroffenen, dass das Verhalten ihnen schadet, ihr Wohlbefinden und ihre Entwicklung darunter leiden und dass sich etwas ändern muss. Diese Gefühlslage wird auch in einem 2016 veröffentlichten Positionspapier der Deutschen Gesellschaft für Psychiatrie und Psychotherapie, Psychosomatik und Nervenheilkunde (DGPPN) als mitentscheidendes Kriterium zur Bestimmung einer krankhaften Verhaltenssucht (im Vergleich zum unproblematischen Verhalten) betont (DGPPN 2016). Andererseits ist gerade bei der Sportsucht nicht selten, dass ein (nach objektiven Kriterien) offensichtlich problematisches Sport- oder Bewegungsverhalten (anfänglich) ohne Leidensdruck besteht. Leidensdruck ist daher zwar ein sehr bedeutsames Merkmal, kann jedoch vermutlich nicht in jedem Stadium einer Sportsucht als zwingend notwendig (d. h. obligat) bezeichnet werden.

Das Ausmaß des Leidensdrucks geht einher mit dem Ausmaß an negativem Affekt (d. h. negativer Gefühlslage), der mit dem Sport und der körperlichen Aktivität in Verbindung steht. Dieser negative Affekt kann sich auf den Sport selbst beziehen (z. B. ein Gefühl des Zwangs und des Sportreiben-Müssens) oder auch auf das Gefühl, durch den Sport wichtige Bedürfnisse nicht befriedigen zu können (z. B. Vernachlässigung von Familie und Freunden). Da zugleich bei Sportsüchtigen der Sport die hauptsächliche Möglichkeit ist, negative Affekte zu regulieren (also sich besser zu fühlen), entsteht ein innerer Konflikt zwischen dem Nicht-Wollen (weil Sport der Entwicklung nicht guttut) und dem Müssen (aufgrund des Zwangsgefühls). Dieser Konflikt geht mit einer starken Spannungslage einher (d. h. Dissonanz), die selbst wieder als unangenehm erlebt wird.

In den Fällen von Sportsucht, in denen Leidensdruck ausgeprägt ist, führt dieser dazu, dass zunehmend auch eine rationale Krankheitseinsicht entsteht. Das heißt, dass die Betroffenen nicht nur fühlen, sondern auch wissen, dass sich etwas ändern muss. Diese rationale

Krankheitseinsicht führt in solchen Fällen dazu, dass eine Behandlung nicht nur akzeptiert, sondern oft auch gewünscht wird. Wie häufig und wie stark dieser Behandlungswunsch vorliegt, ist empirisch nicht gesichert – aus der klinischen Praxis werden häufig Fälle von Sportsucht ohne Leidensdruck geschildet.

2.1.4 Zwangserleben

Zwangserleben ist dadurch charakterisiert, dass die Betroffenen das Gefühl haben, nicht Herr über die eigene Entscheidung zum Sporttreiben zu sein. Stattdessen erleben die Betroffenen ein Gefühl des Ausgeliefertseins. Mit anderen Worten: Die Betroffenen beherrschen nicht den Sport, sondern fühlen sich vom Sport beherrscht (▶ Kap. 2.2.3 zu Non-Intentionalität und ▶ Kap. 2.2.5 zu Aufwand).

Die Rolle des Zwangs als Bestimmungsmerkmal der Sportsucht ist nicht eindeutig geklärt und wird in der Fachliteratur entsprechend unterschiedlich gesehen. Auf der einen Seite wird das Zwangserleben als bedeutsamer und wichtiger Bestandteil der Sportsucht beschrieben – so bereits in den frühen Veröffentlichungen von Morgan (1979). Auf der anderen Seite wird der Zwang vielfach nicht mehr als Kardinalsymptom bezeichnet und stattdessen in abgeschwächter Form von fehlender Absicht (intention effects) gesprochen (Symons Downs et al. 2004). Es lassen sich demnach zwei Lager beschreiben: Die einen Autoren sehen den erlebten Zwang zum Sporttreiben als ein notwendiges Kriterium an (De Coverley Veale 1987; Gulker et al. 2001; Taranis et al. 2011a), während andere verschiedene Formen der Sportsucht favorisieren, die mehr oder weniger mit dem Phänomen des Zwangs verbunden sind (Davis et al. 1993, S. 613; Freimuth et al. 2011, S. 4071; Kleinert et al. 2013; Kleinert und Wasserkampf 2016; ▶ Kap. 4.1).

2.2 Kriterien der Sportsucht

Die Sportsucht besitzt *keinen* anerkannten, eigenständigen Eintrag in den gängigen Klassifikationssystemen für psychische Störungen (ICD-10 Dilling 2010 oder DSM-5 American Psychiatric Association 2013). Auch in der vorläufigen Fassung der ICD-11 (WHO 2019) ist Sportsucht nicht als eigenständiges Krankheitsbild aufgenommen. Allerdings wurde bereits 1979 für Sportsucht eine Symptom-Trias aus sozialen/ beruflichen Konflikten, Entzugssymptomen und Zwanghaftigkeit vorgeschlagen (Morgan 1979). In den folgenden Jahren bezogen sich die meisten Autorengruppen in der Beschreibung der Suchtkomponenten von Sportsucht auf die generellen Merkmale bzw. Kriterien für Sucht (Davison et al. 2007; De Coverley Veale 1987; Hausenblas und Symons Downs 2002a). Mit dieser Entwicklung wird die Sportsucht als klassische Verhaltenssucht charakterisiert (Thalemann 2009; vgl. auch die Übersichtsarbeiten von Adams und Kirkby 2002; Adams et al. 2003; Allegre et al. 2006).

Die derzeit neueste Systematik zur Bestimmung von Süchten und Verhaltenssüchten ist das »Diagnostic and Statistical Manual of Mental Disorders« in seiner fünften Fassung (DSM-5; American Psychiatric Association 2013). Der DSM-5 dient der Systematisierung und Klassifizierung von psychischen Störungen inklusive der Festlegung verschiedener Schweregrade. In Hinsicht auf Süchte wurden im DSM-5 grundlegende Veränderungen vorgenommen. Beispielsweise wurde die frühere Kategorie »substanzbezogene Störungen« in »Sucht und verwandte Störungen« umbenannt, was die strikte Trennung von substanzbezogenen Süchten (z. B. Alkohol, Drogen) und verhaltensbezogenen Süchten (z. B. Kaufsucht, Spielsucht) zumindest teilweise auflöst. Weiterhin wurden die zuvor getrennten Diagnosen von »Missbrauch« und »Abhängigkeit« zusammengeführt.

Unverändert im DSM-5 ist jedoch, dass die Sportsucht keine eigenständige Beschreibung oder Definition erfährt. Stattdessen muss oder sollte sich die Sportsucht in ihren Bestimmungsmerkmalen an den übergeordneten, das heißt grundsätzlichen Kriterien von suchtartigem

Verhalten orientieren. Diese Kriterien sind dem DSM-5 nach in elf Facetten beschreibbar. Von diesen elf Facetten sind sieben im Vergleich zur bisherigen Literatur zur Sportsucht (Adams und Kirkby 2002; Allegre et al. 2006; Hausenblas und Symons Downs 2002a) konstant geblieben (▶ Tab. 2.1). Diese sieben sind die Kriterien Toleranz, Entzugssymptome, Non-Intentionalität, Kontrollverlust, Zeitaufwand, (Sozialer) Konflikt und Beharren/Zwang.

Tab. 2.1: Gegenüberstellung üblicherweise genannter Sportsuchtkriterien (linke Spalte; z. B. Hausenblas und Symons Downs 2002a) und Abhängigkeitskriterien nach DSM-5 (mittlere Spalte).

Sportsuchtkriterien	Suchtkriterien nach DSM-5	Erläuterung
Tolerance	Toleranzentwicklung	Ausgeprägte Verhaltenssteigerung oder verminderte Wirkung bei gleichem Verhalten
Withdrawal	Entzugssymptome	Körperliche/psychische Symptome bei Verhaltensabstinenz (inkl. Symptomlinderung oder Symptomvermeidung durch das Verhalten)
	Craving	starkes Verlangen nach dem Verhalten
Intention effects	Non-Intentionalität	Verhalten wird intensiver oder länger als geplant durchgeführt
Loss of control	Kontrollverlust	Anhaltender Wunsch oder erfolglose Versuche, das Verhalten einzuschränken oder zu kontrollieren
Time		Hoher Zeitaufwand für die Ermöglichung des Verhaltens
Conflict	(Soziale) Vernachlässigung und Konflikt	Aufgeben oder Einschränken wichtiger sozialer und ähnlicher Aktivitäten aufgrund des Verhaltens

2.2 Kriterien der Sportsucht

Tab. 2.1: Gegenüberstellung üblicherweise genannter Sportsuchtkriterien (linke Spalte; z. B. Hausenblas und Symons Downs 2002a) und Abhängigkeitskriterien nach DSM-5 (mittlere Spalte). – Fortsetzung

Sportsuchtkriterien	Suchtkriterien nach DSM-5	Erläuterung
Continuance	(Maladaptives) Beharren	Fortgesetztes Verhalten trotz (der Antizipation) körperlicher oder psychischer Probleme
		Verhalten trotz negativer Auswirkungen auf Schule, Arbeit oder private Verpflichtungen
		Verhalten trotz hierdurch ausgelöste körperliche Gefährdung
		Verhalten trotz ständiger oder wiederholter sozialer oder zwischenmenschlicher Probleme

Anmerkungen: Nach Hausenblas und Symons Downs (2002a) muss bei Vorliegen von drei oder mehr der in der linken Spalte genannten Kriterien eine Sportsucht angenommen werden; in der Neufassung des DSM-5 wird eine Einteilung der Symptomatik in »mild« (2–3 Kriterien), »moderat« (4–5 Kriterien) und »schwer« (mindestens 6 Kriterien) vorgenommen.

2.2.1 Toleranzentwicklung

Im Zusammenhang mit Sportsucht wird Toleranzentwicklung damit beschrieben, dass ein zunehmender Umfang an Sport notwendig wird, um gewünschte Effekte zu erreichen oder dass bei gleichbleibendem Umfang Effekte niedriger ausfallen (Hausenblas und Symons Downs 2002a). Der hiermit beschriebene suchtrelevante Mechanismus der »Toleranzentwicklung« ist jedoch bezogen auf den Sport ein normaler Prozess der Leistungsentwicklung. Mit anderen Worten: Ohne eine stetige Steigerung von Trainingsumfängen ist im Sport (insbesondere im Wettkampf- und Leistungssport) eine Steigerung von konditionellen Komponenten (z. B. Kraft, Ausdauerleistung, Beweglichkeit) oder von technisch-taktischen Kompetenzen nicht möglich. Die Steigerung von Trainingsumfängen und/oder Trainingsintensitäten ist daher in normaler und notwendiger Prozess, um neue Trainingsreize zu schaffen und hierdurch Anpassungsprozesse auszulösen (Hottenrott und Neumann 2017). Das Kriterium »Toleranzentwicklung« besitzt daher im Falle der Sportsucht einen zweifelhaften, doppeldeutigen Wert.

Allerdings wäre das Suchtkriterium »Toleranzentwicklung« dann angebracht, wenn der Effekt einer Dosissteigerung (mehr oder intensiverer Sport) nicht an einem Trainings- oder Leistungsziel ausgerichtet ist, sondern auf die Affektregulation (d. h. die Regulation von Spannungszuständen oder einer emotionalen Balance). Das bedeutet, eine suchtrelevante Toleranzentwicklung besteht nur dann, wenn Intensitäten und Umfänge ausschließlich aus Gründen der Psychoregulation gesteigert werden. Toleranzentwicklung dürfte demnach nicht allein an der Steigerung des zeitlichen Aufwands für Sport gemessen werden, sondern an der hiermit verbunden Zwecksetzung.

Unter Berücksichtigung des Zusatzkriteriums »Zwecksetzung« können jedoch Veränderungen von Sportumfängen durchaus wichtige Anzeichen für ein problematisches, vielleicht klinisch relevantes Verhalten sein. Allerdings müssen solche Beobachtungen fachgerecht (d. h. sportwissenschaftlich) interpretiert werden und in den psychosozialen Gesamtkontext des Betroffenen eingeordnet werden. Die fachgerechte Beurteilung betrifft gleichermaßen die Trainingssituation (z. B. extreme muskuläre Veränderungen bei exzessivem Bodybuilding oder extreme Verlängerung von Laufstrecken) als auch die hiermit verknüpften Einstellungs- und Motivstrukturen der Betroffenen (vgl. Bamber et al. 2003).

2.2.2 Entzugssymptome

Entzugssymptome werden in allen Übersichtsarbeiten zur Sportsucht als wichtiges Kriterium beschrieben (Hausenblas und Symons Downs 2002a). Sie treten üblicherweise in sportfreien Intervallen auf (z. B.

nach 1-2 Tagen; Sachs und Pargman 1984). Formen von Entzugssymptomen sind psychischer Natur (z. B. Unruhe), körperlicher Art (z. B. Veränderung des Ruhepulses) und können auch das Verhalten betreffen (z. B. vermehrte Aggressivität). Im Vordergrund und für den Betroffenen am meisten belastend sind psychische Entzugssymptome. Die Patienten fühlen sich ruhelos, angespannt, gereizt, nervös, erschöpft oder ängstlich. Neben diesen affektivemotionalen Symptomen sind auch Aufmerksamkeitsprobleme oder Konzentrationsschwäche (d. h. kognitive Symptome) denkbar, aber angesichts der fehlenden Nennung in der Literatur offensichtlich selten.

In körperlicher Hinsicht werden im Zusammenhang mit Sportsucht ein erhöhter Hautwiderstand, Anzeichen muskulärer Erschöpfung oder Magen-Darm-Störungen berichtet (Pierce 1994). Auch Schlafstörungen treten bei Sportentzug auf, vermutlich als Zeichen einer neurovegetativen Störung (vgl. Grüsser-Sinopoli et al. 2006). Besonders sollte beachtet werden, wenn Sport primär dazu eingesetzt wird, Entzugssymptome zu lindern (d. h. relief craving), da in diesen Fällen eine Sportsucht besonders naheliegt, denn: Je stärker Entzugssymptome und Toleranzentwicklung ausgeprägt sind, desto höher ist die Wahrscheinlichkeit, dass dem Verhalten (auch) eine körperliche Abhängigkeit zu Grunde liegt (Hausenblas und Symons Downs 2002a), was den Suchtprozess intensiviert. Grundsätzlich sollten bei starken körperlichen Symptomen Alternativerklärungen differentialdiagnostisch abgeklärt werden (► Kap. 6.2).

2.2.3 Non-Intentionalität

Nach Hausenblas und Symons Downs (2002a) umschreiben »intention effects« die Tatsache, dass die Betroffenen länger, umfangreicher oder intensiver Sport treiben, als sie dies eigentlich beabsichtigten (d. h. »intendierten«). Offensichtlich fehlt Sportsüchtigen die Fähigkeit, ihr Verhalten willentlich zu steuern (Freimuth et al. 2011). Oder anders: Die Steuerung des Verhaltens ist stattdessen gefühlsbetont (»Affektregulation«). Ziel dieser Verhaltenssteuerung ist es somit, positiven Affekt zu erlangen (reward craving), also zum Beispiel eine euphorisierende Wirkung zu erreichen (was häufig mit subjektiv »Kick« oder »Adrenalinschub« bezeichnet wird). Um derartige Gefühle zu erlangen, können die Aktivitäten weit über das hinausgehen, was eigentlich geplant war. Ebenso gefühlsbetont und ähnlich non-intentional ist es, wenn die Betroffenen durch die körperliche Aktivität negative Affekte (bzw. Entzugssymptome) lindern (s. oben »relief craving«) oder das Auftreten von negativem Affekt »prophylaktisch« verhindern wollen.

2.2.4 Kontrollverlust

Kontrollverlust beschreibt den starken Wunsch oder die erfolglosen Versuche, den Umfang oder die Intensität des Sporttreibens zu reduzieren (Hausenblas und Symons Downs 2002a). Erfolglose Versuche, Sport oder Bewegung einzugrenzen, können darin bestehen, dass Sportabstinenz gar nicht oder nur für kurze Zeit bzw. innerhalb eines gewissen Zeitraums möglich war. Bislang liegen keine ausreichenden oder konsistenten Erfahrungen darüber vor, wie sehr Kontrollverlust bei Sportsüchtigen ausgeprägt ist und wie relevant dieses Kriterium bei der Beurteilung von Sportsucht ist. Bedeutsam in diesem Zusammenhang ist, dass das Sporttreiben bei Sportsüchtigen nicht als Kontrollverlust, sondern als Kontrollgewinn erlebt wird, da durch die körperliche Aktivität ein Gefühl der Kontrolle über den eigenen Körper erlebt und angestrebt wird (s. hierzu auch Hinweise zum Kontrollverlust im Kapitel 4.3 zu Essstörungen).

2.2.5 Aufwand

In der Sportsuchtliteratur wird das Thema Aufwand zumeist mit dem Zeitumfang in Verbindung gebracht, den Sportsüchtige mit sportlichen Aktivitäten verbringen (Hausenblas und Symons Downs 2002a). In Bezug auf das Sporttreiben selbst ist bereits weiter oben beschrieben

2.2 Kriterien der Sportsucht

worden, dass hohe Umfänge der Sport- und Bewegungsaktivität kein hinreichendes Kriterium für Sportsucht sind (▶ Kap. 2.1.1). Sport- und Bewegungsumfänge müssen individuell unter Berücksichtigung der Lebenssituation, des Leistungsniveaus und der biopsychosozialen Begleitumstände (z. B. Verletzungen, Stimmungslage, soziale Situation) eingeschätzt werden.

Im Rahmen der Diskussion um Zeitaufwände wird allerdings vernachlässigt, dass die zeitlichen Aufwände nicht nur das Sporttreiben selbst, sondern auch verschiedene Aktivitäten betreffen, die in engem Bezug zum Sport stehen. Hierbei spielen zum Beispiel organisatorische Aufwände für die Planung und Vorbereitung des Sporttreibens eine Rolle. Solche Aufwände betreffen den »sportfreien« Alltag, insbesondere die Trainingsplanung, Trainingskontrolle oder die Beschaffung von Sportausrüstungen oder Hintergrundinformationen. Durch diese Aktivitäten übernimmt der Sport die Vorherrschaft im Alltag der Patienten (Bamber et al. 2000; Bamber et al. 2003) und verdrängt andere wichtige Aspekte und Lebensbereiche.

Ein wichtiger Lebensbereich, der hiervon betroffen ist, ist das Ernährungsverhalten. Ernährung und Essen sind nicht nur bei der sekundären Sportsucht relevant (in Form einer vorliegenden Essstörung), sondern betreffen vermutlich alle Sportsüchtigen. Der Grund hierfür liegt in der engen Verbindung von Ernährung und Sport, die bereits bei unauffällig Sporttreibenden zu beobachten ist (Beschäftigung mit Vitaminen/Spurenelementen, Eiweißen [insbes. Kraftsportarten] oder Kohlenhydraten [Ausdauersportarten]). Darüber hinaus sollte angemessene Ernährung insbesondere bei intensiver Sportaktivität gut organisiert sein. Vermutlich ist diese Organisation im Falle eines gestörten Sportverhaltens ebenfalls beeinträchtigt, was zu einer unangemessenen Fixierung auf Ernährung und in der Folge auch zu hohen diesbezüglichen Aufwänden führen kann (bis hin zur Einnahme illegaler Substanzen). Denkbar ist sogar, dass derartige Entwicklungen dazu führen, dass sich sekundäre Essstörungen ausbilden.

2.2.6 Soziale Vernachlässigung und Konflikt

Soziale Vernachlässigung und Konflikt beschreibt die Beobachtung, dass angesichts des Vorherrschens der Sport- und Bewegungsaktivität wichtige soziale oder berufliche Aktivitäten und Lebensbereiche in den Hintergrund treten (Hausenblas und Symons Downs 2002a). Diese Vernachlässigung des sonstigen Lebens ist besonders bedeutsam im familiären oder partnerschaftlichen Umfeld; allerdings sind auch Ausbildung, Beruf und die Freizeitaktivitäten hiervon in typischer Weise betroffen.
Der Konflikt tritt sowohl intrapsychisch als auch zwischenmenschlich (interpersonal) in Erscheinung. Der intrapsychische Konflikt äußert sich dadurch, dass die Betroffenen das Zurückdrängen der anderen Lebensbereiche bewusst wahrnehmen und ein innerer Kampf zwischen konkurrierenden Bedürfnissen und Wünschen stattfindet. In diesem Kampf unterliegen zumeist die sozialen Bedürfnisse zu Gunsten der suchtgebundenen Motive. Der zwischenmenschliche Konflikt äußert sich in Streitigkeiten mit dem Partner, der Familie oder dem Freundeskreis (Veale 1995; Grüsser-Sinopoli et al. 2006), die dadurch entstehen, dass die sozialen Bezugspersonen wahrnehmen, zurückgewiesen zu werden und entsprechend mehr Zeit und Raum einfordern. Darüber hinaus entstehen berufliche Konflikte dadurch, dass sportbedingt Aufmerksamkeit und Engagement sinken können, was zu nachlassenden Leistungen bzw. Fehlern führt.

2.2.7 Maladaptive Kontinuität

Von maladaptiver Kontinuität kann gesprochen werden, wenn das Sport- und Bewegungsverhalten auch dann noch ausgeführt wird, wenn negative psychische und/oder körperliche Konsequenzen bereits bestehen oder sich verstärken bzw. auftreten können. In körperlicher Hinsicht wird dies besonders deutlich beim Thema Verletzungen und Beschwerden. Die Betroffenen trainieren trotz Verletzungen und Beschwerden weiter, was dadurch erklärt wird, dass diese bagatellisiert oder sogar ignoriert werden (Adams und Kirkby 1998). Selbst von ärztlicher Seite strikt empfohlene Zwangspausen werden nicht eingehalten und missachtet (Adams und Kirkby 1998). Hiermit verbunden ist die Unterschätzung von Erholungs- und Regenerationsphasen. Hierdurch bedingt kann es neben orthopädischen Problemen auch zu Beschwerden der inneren Organe bis hin zu Erkrankungen infolge eines geschwächten Immunsystems kommen. Da in schweren Fällen solche Probleme entweder ignoriert oder nicht genügend auskuriert werden, sind massive Gefährdungen der Gesundheit denkbar.

In das zuvor beschriebene Symptomfeld gehört auch das Thema Schmerzmittel. Durch Schmerzmittel oder entzündungshemmende Mittel (insbesondere nichtsteroidale Analgetika, Kortikoide bis hin zu Antibiotika) werden Beschwerden bekämpft, was in zweifacher Hinsicht problematisch ist. Zum einen werden auf diese Weise wichtige, warnende Schmerzsignale ausgeschaltet, was die Überforderung verstärkt. Zum zweiten geht der Substanzkonsum selbst mit teils drastischen Nebenwirkungen einher, die eine zusätzliche gesundheitliche Gefährdung darstellen.

2.3 Bedeutung von Suchtkriterien für die Sportsucht

Die Bedeutung der verschiedenen Suchtkriterien (▶ Tab. 2.1) für den speziellen Fall der Sportsucht ist abschließend nicht geklärt. Grundsätzlich muss hervorgehoben werden, dass die genannten Kriterien nicht als obligate (also in allen Fällen vorliegende) Kriterien zu verstehen sind. Stattdessen kann eine Sportsucht auch vorliegen, wenn nur einige der genannten Kriterien zutreffen. Sportsucht ist demnach immer ein Symptomkomplex (d. h. ein Syndrom), der aber bei verschiedenen Betroffenen unterschiedliche Symptome einbezieht. Daher legten Hausenblas und Symons Downs (2002a) fest, dass

2 Bestimmungsmerkmale und Kriterien der Sportsucht

von den sieben Kriterien der Sportsuchtliteratur (▶ Tab. 2.1, linke Spalte) gleichzeitig drei oder mehr beliebige Kriterien vorliegen müssen, um eine Sportsucht annehmen zu können. In Hinsicht auf den neuen Katalog des DSM-5 (▶ Tab. 2.1, mittlere Spalte) wurde eine Einteilung der Symptomatik in »mild« (2–3 Kriterien), »moderat« (4–5 Kriterien) und »schwer« (mindestens 6 Kriterien) vorgenommen.

Es bleibt aber unklar, ob Festlegungen für Verhaltenssüchte im Allgemeinen auch für die Sportsucht gelten können. Diesbezüglich wurde in diesem Abschnitt beispielsweise das Kriterium Toleranzentwicklung kritisch diskutiert. Auch bleibt unklar, ob es unter den genannten Kriterien solche erster Ordnung (also besonders bedeutsame) gibt, die im Vergleich zu anderen Kriterien eine stärkere Berücksichtigung im Rahmen der Diagnose besitzen sollten (▶ Kap. 6).

In jedem Fall zeigen die genannten Aspekte auf, dass für die Feststellung einer behandlungsbedürftigen Sportsucht die vielfältigen, sehr unterschiedlichen psycho-sozialen Bedingungen sorgfältig, genau und differenziert betrachtet werden müssen – die in der Öffentlichkeit gern vorgenommene ausschließliche Orientierung am Kriterium »exzessives Sporttreiben« reicht bei weitem nicht aus.

3

Epidemiologie der Sportsucht

Jens Kleinert

Die schlechte Nachricht zuerst: Zahlen zur Häufigkeit bzw. Auftretenswahrscheinlichkeit (Prävalenz) der Sportsucht sind bis heute kaum verlässlich. Hierfür lassen sich zwei Hauptgründe feststellen, die insbesondere in der Vorgehensweise der Forschung begründet sind: Erstens ist die Art und Weise, wie Sportsucht erfasst bzw. gemessen wird, problematisch. Eine Seite des Problems ist hierbei, dass uneinheitlich gemessen wird, also mit unterschiedlichen Fragebögen oder anderen Methoden. Die andere Seite des Problems ist, dass die verwendeten Messmethoden die Sportsucht nicht verlässlich genug, also nicht genau oder eindeutig genug, erfassen. Kurz: Aus dem Ergebnis eines Fragebogens oder einer anderen Methode lässt sich das

Vorliegen einer Sportsucht nicht eindeutig ableiten. Der zweite Hauptgrund für die unklaren Befunde der Epidemiologie liegt in den Untersuchungsgruppen, in denen die Häufigkeit von Sportsucht bislang überprüft wurde. Diese Gruppen sind nicht repräsentativ für Sporttreibende oder für die Gesamtbevölkerung; stattdessen wurden in den Untersuchungen zumeist sehr spezifische Sportarten untersucht, weswegen sich die Ergebnisse nur bedingt auf andere Sportarten und natürlich auch nicht auf die Gesamtbevölkerung übertragen lassen. Beide Gründe, also das Problem der uneinheitlichen und ungenauen Messung sowie das Problem der selektiven und wenig repräsentativen Untersuchungsgruppen, werden in diesem Kapitel behandelt.

Eine weitere Schwierigkeit in der Erfassung von Sportsucht besteht darin, dass Verhaltenssüchte häufig maskiert, das heißt nicht ohne weiteres zu entdecken, sind. Diese Maskierung ist damit begründet, dass das problematische Verhalten grundsätzlich eine gewisse Normalität beinhaltet: Essen, Einkaufen, Sporttreiben sind normale menschliche Verhaltensweisen, weswegen normale und krankhafte Ausprägungen bei Sportsucht oder anderen Verhaltenssüchten eng beieinander liegen (Egorov und Szabo 2013) und daher Übergänge zwischen gesund und krank fließend sein können und zudem vom Kontext (z. B. Leistungs- oder Freizeitsport) abhängen. Diese Verschmelzung erschwert die Abgrenzung von gesund und krank.

Trotz der geschilderten Probleme lohnt es sich, die Forschungslage zur Epidemiologie von Sportsucht aufzuarbeiten. Zwar zeigt die Forschung noch kein abschließendes, epidemiologisches Bild, allerdings können im vorliegenden Kapitel zwei Ziele erreicht werden. Erstens hilft die Beschreibung der Problemlage im Zusammenhang mit der Betrachtung von Prävalenzen dabei, Forschungslücken und hiermit notwendige, zukünftige wissenschaftliche Arbeiten abzuleiten. Und zweitens hilft das Zusammentragen der bestehenden Datenlage ein erstes, wenn auch vorläufiges und nicht allgemeingültiges oder in allen Fällen übertragbares Bild über die Auftretenswahrscheinlichkeit von Sportsucht zu erstellen.

3.1 Zur Methodik im Rahmen der Epidemiologie der Sportsucht

Die Epidemiologie der Sportsucht wird in der Literatur nicht als eigenständige Zielstellung von Forschung verfolgt. Stattdessen sind Zahlen zum Ausmaß und zur Häufigkeit eher Nebenaspekte anderer Forschungsziele, zum Beispiel der Erforschung von Risikofaktoren oder Konsequenzen von Sportsucht. Zugleich wird hiermit an Messinstrumente zur Erfassung von Sportsucht kein strenger klinischer Standard angelegt. Dieser Standard scheint aus Sicht vieler Forscher/innen nicht notwendig, da es für die in den Forschungsarbeiten befragten einzelnen Sportler/innen keine (therapeutischen) Konsequenzen hat, wenn sie fälschlich als sportsüchtig oder als unauffällig bzw. gesund bezeichnet werden. Bedeutsam ist lediglich die Verlässlichkeit des Gesamtwertes (nicht der einzelnen fallbezogenen Aussage). Im Gegensatz dazu erfordert die klinische Praxis (▸ Kap. 5.3) auch im Einzelfall eine genauere und möglichst verlässliche Messung von Sportsucht (d. h. eine »Diagnostik«), aus der mit einer hohen Wahrscheinlichkeit eine therapeutische Konsequenz erwächst. Zusammengefasst kann also gesagt werden, dass Fragebögen zur Sport- und Bewegungssucht vor allem für Forschungszwecke entwickelt wurden. Sie genügen daher häufig zwar den Kriterien guter Forschung (z. B. bezüglich der theoretischen Herleitung der Fragebogenstruktur oder der einzelnen Aussagen/Fragen des Bogens oder der Konsistenz bzw. Reliabilität von Unterkategorien), jedoch nicht den Kriterien guter klinischer Praxis. Insbesondere besitzen sie keine klinisch verlässlichen Cut-Off-Werte, also Werte, ab denen mit hoher Wahrscheinlichkeit im Einzelfall eine klinisch behandlungsbedürftige Sportsucht angenommen werden kann (Sensitivität des Tests; ▸ Kap. 6.1). Stattdessen lassen die Fragebögen nur eine Risikoabwägung zu. So ergibt sich beispielsweise für die »Exercise Dependence Scale« (EDS; Hausenblas und Symons Downs 2002b) anhand der Auswertung eine dreistufige Kategorisierung in »at risk for exercise dependence«, »nondependend-symptomatic« und »nondependendasymptomatic« (für den deutschen EDS-D s. Zeeck et al. 2013). Die zuvor beschriebene fehlende klinische Verlässlichkeit von bestehenden Messinstrumenten liegt zum Teil auch daran, dass Kriterien für Sportsucht nicht eindeutig definiert sind (Terry et al. 2004) und in verschiedenen Fragebögen durch unterschiedliche Fragen oder Aussagen umgesetzt werden. So ist bis heute unklar, ob Kriterien, die für Verhaltenssüchte typisch sind, in gleicher Weise auch auf die Sportsucht zutreffen. Ein Beispiel hierfür ist das Kriterium von Zwangserleben oder Entzug: Zwang wird in manchen Fragebögen zur Sportsucht operationalisiert, indem gefragt wird, ob man mehr Sport treibt, als man sich vorgenommen hatte. Bei Kenntnis des Leistungssports erweist sich dies nur sehr bedingt als gute Frage für einen behandlungsbedürftigen Zwang (Symons Downs et al. 2004). Ein weiteres Beispiel: Bezogen auf Entzugssymptome fragen einzelne Sportsuchtinstrumente, ob man Sport treibt, um sich weniger gereizt oder angespannt zu fühlen (Symons Downs et al. 2004). Wenn dies ein Kriterium für Sportsucht wäre, würden viele Gesundheitssportler Entzugssymptome besitzen. Auch aufgrund solcher problematischen Ansätze, Sportsucht zu erfassen, werden positive Zusammenhänge zwischen gesundheitsbezogenen (und positiv zu bewertenden) Sportmotiven und einer auf diese Art gemessenen »Sportsucht« gefunden und kritisch diskutiert, »denn in manchen Aspekten überschneiden sich die erfragten Symptome von Sportsucht mit Verhaltensweisen, die sich zwangsläufig aus intensivem sportlichen Training ergeben« (Zeeck et al. 2013, S. 104). Entsprechend dieser Problematik müssen insbesondere Fragebögen zur (vermeintlichen) Erfassung von Sportsucht mit kritischer Distanz beurteilt werden (▶ Kap. 5.1).

3.2 Prävalenz der Sportsucht bei Sporttreibenden

Die geschilderten Probleme der eindeutigen Diagnostik von Sportsucht und der Ableitung von epidemiologischen Daten müssen nicht zwingend dazu führen, dass Forschungsdaten zur Häufigkeit von Sportsucht nicht berücksichtigt werden können. Stattdessen ist es wichtiger, diese Informationen richtig einzuordnen. Entsprechend empfehlen die Entwickler derartiger Forschungsfragebögen selbst, die Ergebnisse eher als symptomatische Hinweise oder Risikoeinschätzungen und nicht als Diagnosen zu bewerten (Hausenblas und Symons Downs 2002b; Terry et al. 2004). Ein weiteres, ermutigendes Indiz für die Verwendbarkeit der Daten ist auch, dass die Daten aus unterschiedlichen Instrumenten zu vergleichbaren Ergebnissen führen (Egorov und Szabo 2013). Es kann also davon ausgegangen werden, dass Hinweise zur Häufigkeit und zum Auftreten von Sportsucht, die mit den bestehenden Instrumenten erbracht wurden, zumindest eine gute Schätzung darstellen (Sussman et al. 2011b). Trotz dieser Güte bleibt die fehlende Eignung vieler Instrumente für eine abschließende Einzeldiagnostik bestehen (▶ Kap. 6.2).

Die gute Schätzung der epidemiologischen Situation aus Forschungsdaten gilt vor allem für die zwei bekanntesten Fragebogeninstrumente, nämlich die »Exercise Dependence Scale« (EDS; Hausenblas und Symons Downs 2002b; deutsch: Zeeck et al. 2013) und das »Exercise Addiction Inventory« (EAI; Terry et al. 2004; deutsch: Ziemainz et al. 2013). Beide Instrumente sind hinsichtlich wichtiger Gütekriterien (z. B. Sensitivität, Reliabilität) ähnlich (Mónok et al. 2012; ▶ Kap. 6.1.1). In der Übersichtsarbeit von Egorov und Szabo (2013) werden 23 Studien aufgeführt, von denen sechs Studien den EDS und fünf Studien den EAI verwendet haben. In diesen 23 Studien wurden ausschließlich Sporttreibende befragt. Die Häufigkeiten von auffälligen Werten (d. h. stark erhöhtes Risiko für Sportsucht) unterscheidet sich zwischen den aufgeführten Studien sehr stark und rangiert zwischen 1,8 % und 77 % (Median 8,25 %; ▸ Abb. 3.1). Andere Übersichtsarbeiten bestätigen diese großen Streuungen und Unterschiede (Landolfi 2013).

Zwischen den beiden Hauptinstrumenten (EDS, EAI) zeigten sich in der Übersichtsarbeit von Egorov und Szabo (2013) keine bedeutsamen Unterschiede: Studien, die den EDS verwendeten, schwanken zumeist zwischen 1,8 % und 6,6 % (ein Ausreißer mit 50 %), während Studien unter Verwendung des EAI zwischen 1,8 % und 8,5 % schwanken (zwei Ausreißer mit 19,9 % und 29,6 %). Auffallend ist, dass von den elf Studien, die andere Fragebögen verwendeten, nur vier unter 10 % lagen (Mittel = 26 %). Dies könnte darauf hinweisen, dass Studien mit anderen Fragebögen als dem EDS oder dem EAI die Häufigkeit von Sportsucht (deutlich) überschätzen.

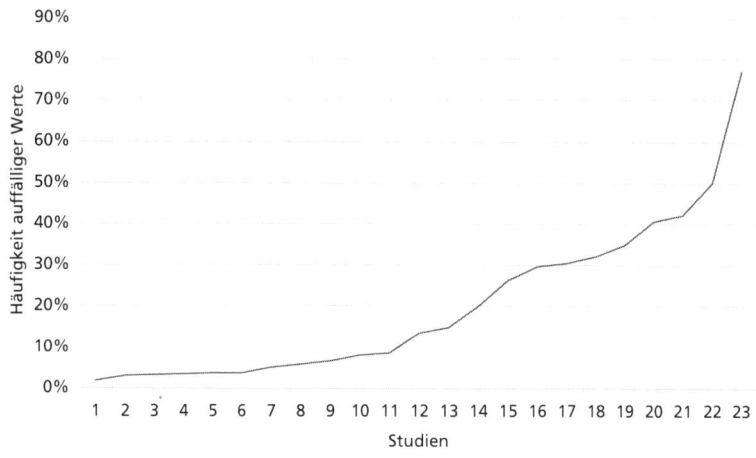

Abb. 3.1: Häufigkeit auffälliger Werte (d. h. stark erhöhtes Risiko für Sportsucht auf der Basis vorgegebener Empfehlungen) in verschiedenen Forschungsarbeiten zur Sportsucht (Daten aus Egorov und Szabo 2013)

Noch größer als der Einfluss des benutzten Fragebogens ist vermutlich die Wahl der befragten Gruppe. Je nachdem, welche Sportart,

3.2 Prävalenz der Sportsucht bei Sporttreibenden

welche Population oder welcher Aktivitätssektor befragt wird, unterscheidet sich die gemessene Häufigkeit zum Zeitpunkt der Befragung (Punktprävalenz) starkt. Dies wird anhand der Daten in der Übersichtsarbeit von Egorov und Szabo (2013) deutlich: Wenn in den Studien (Sport-)Studierende befragt wurden (sieben Studien), ergab sich eine mittlere Häufigkeit von 6 % auffälligen Personen (3–15 %), bei Fitnesssportlern (ebenfalls sieben Studien) ergab sich eine mittlere Häufigkeit von 23 % (2–41 %) auffälligen Datensätzen und bei Befragung von Läufern oder Triathleten (auch sieben Studien) ergaben sich im Mittel in 35 % (3–77 %) der Fälle auffällige Daten. Wenn diese Daten auch vorerst einen beschreibenden (und keinen metaanalytischen) Charakter haben, so wird doch der große Unterschied zwischen den Prävalenzen der verschiedenen Befragungsgruppen deutlich. Zugleich scheint sich die häufige Annahme zu bestätigen, dass bestimmte Sportarten (z. B. Ausdauersport) ein höheres Risikoprofil beinhalten als andere. Außerdem liegt die Vermutung nahe, dass auch im Fitnesssport nicht selten eine Zwangsorientierung und hiermit verbunden ein gewisses Abhängigkeitspotenzial vorliegt. Trotz allem fallen auch innerhalb dieser unterschiedlichen drei Populationen die extrem hohen Streuungen auf, was darauf verweisen könnte, dass weitere Kriterien (z. B. Leistungsstärke, Erhebungsinstrument) eine bedeutsame Rolle für die Prävalenz spielen. Diese unterschiedlichen Einflusskriterien auf die Prävalenz wurden jedoch bislang nicht systematisch untersucht. Das heißt, es liegen keine repräsentativen und vor allem metaanalytischen Arbeiten vor, in denen die naheliegenden Faktoren Alter, Geschlecht, Leistungsstärke, Sportart, Untersuchungsmethode systematisch in Bezug auf ihren statistischen Einfluss auf die Prävalenzrate untersucht wurden.

Die Schätzungen und Vermutungen vieler Forscherinnen und Forscher sind jedoch bislang nicht widerlegt und können weiterhin angenommen werden. Im Sport insgesamt kann von (niedrig) einstelligen Prävalenzen für ein hohes Sportsuchtrisiko ausgegangen werden (mit starken Streuungen zwischen Sportarten) (Hausenblas und Symons Downs 2002a; Griffiths et al. 2005). Auch im deutschsprachigen Raum lassen sich diese Zahlen bestätigen (Zeeck et al. 2013; Ziemainz et al. 2013).

3.3 Prävalenz der Sportsucht in der Gesamtbevölkerung

Im Vergleich zu den geschilderten Zahlen ist bezogen auf die Gesamtbevölkerung naturgemäß von deutlich geringeren Prävalenzraten auszugehen (Szabo 2000; Terry et al. 2004; Veale 1995). Allerdings sind Studien, in denen das Merkmal Sportsucht in der Gesamtbevölkerung erfasst wird, sehr selten. Einerseits scheint dies nachvollziehbar, da Sportsucht nur bei zumindest regelmäßiger Sportaktivität ein sinnvolles Krankheitsmerkmal ist. Andererseits würden Studien in der Gesamtbevölkerung erfassen, wie hoch das Risiko bei *jeglicher Form von* Sportaktivität ist (im Unterschied zu den stark selektiven Stichproben der meisten bestehenden Untersuchungen). Auch die Lebenszeitprävalenz ließe sich nur durch Studien in der Gesamtbevölkerung erheben (erfasst werden in den Studien überwiegend Punktprävalenzen).

Eine der wenigen repräsentativen Studien in dieser Richtung wurde an der ungarischen Bevölkerung durchgeführt. Mónok et al. (2012) untersuchten einen Datensatz von 3183 Ungarn zwischen 18 and 64 Jahren. Von diesen äußerten 474 (also 14,9 %), zumindest einmal pro Woche regelmäßig sportaktiv zu sein. In dieser Studie zeigte sich je nach Befragungsinstrument ein Anteil von 1,9 % auffälliger Daten (bei Verwendung des EDS) bzw. 3,2 % auffälliger Personen (Verwendung des EAI). Bezogen auf die Gesamtbevölkerung ergibt dies eine (Risiko-)Prävalenz von 0,3 % bzw. 0,5 %. Diese Zahlen zeigen einerseits, dass die Rate an auffälligen Sporttreibenden insgesamt vermutlich eher an der Untergrenze der vorliegenden Angaben in bestehenden Studien liegt (▶ Abb. 3.1), oder anders: die Studien berücksichtigen vermutlich überwiegend Problemgruppen, die eine höhere Risikoprävalenz besitzen. Andererseits erscheint eine Prävalenz von 2–3 % relativ hoch, was allerdings stark relativiert werden muss, denn diese Prävalenz bezeichnet, wie zuvor diskutiert, lediglich das Risiko, nicht aber das Vorliegen einer Sportsucht. Je nach Spezifität und Sensitivität der Fragebögen (also je nach Umfang falsch-positiver Werte; ▶ Kap. 6.1) liegt die tatsächliche Prävalenz vermutlich deutlich niedriger. Entsprechend zeigten Müller et al. (2014), dass sich nur jeder zweite Verdacht auf eine Sportsucht (erfasst anhand des deutschsprachigen EDS) mittels eines diagnostischen Interviews bestätigen lässt.

3.4 Primäre und sekundäre Sportsucht

Die bislang diskutierten Zahlen zur Prävalenz der Sportsucht unterscheiden nicht zwischen primärer und sekundärer Sportsucht. Eine solche Unterscheidung (die auch bei anderen Suchtformen vorgenommen wird) ist nicht nur aus ätiologischer, sondern auch aus epidemiologischer Sicht bedeutsam. Von *sekundärer Sportsucht* wird gesprochen, wenn sich das auffällige Sport- und Bewegungsverhalten erst in Folge oder als Begleiterscheinung einer anderen klinischen Störung ergibt (wie z. B. Essstörungen, Körperbildstörungen oder der Zwangsstörung; Brewerton et al. 1995, Davis und Kaptein 2006, Gulker et al. 2001, Kleinert 2014). Im Rahmen solcher Störungsbilder wird von den Betroffenen Sport und Bewegung häufig instrumentalisiert, um entweder mit der Grundstörung zurecht zu kommen (d. h. zur Kompensation) oder die Grundstörung ausleben zu können (d. h. zur Realisation; ▶ Kap. 5.1). In diesen Fällen einer sekundären Sportsucht liegt dann zwar der Symptomkomplex der Sportsucht vor, allerdings steckt das eigentliche und ursächliche klinisch-psychische Problem nicht im Sport- und Bewegungsverhalten selbst. Demgegenüber wird von primärer Sportsucht gesprochen, wenn sich das auffällige Verhalten im Sporttreiben selbst bzw.

in der Auseinandersetzung mit dem Sport selbst entwickelt (Kleinert 2014).

Diese Einteilung in eine primäre und sekundäre Sportsucht wird von einigen Autoren unterstützt (Breuer und Kleinert 2009; Freimuth et al. 2011; Kleinert 2014; Veale 1995), wenngleich sie auch nicht kritiklos bleibt (Keski-Rahkonen 2001; Zeeck und Schlegel 2012). Insbesondere ist in der Praxis ätiologisch nicht immer nachweisbar, welche der bestehenden Störungsbilder ursprünglich entscheidend war, zum Beispiel ob die Essstörung zu einem sportsüchtigen Verhalten oder die Sportsucht zu einem essgestörtem Verhalten geführt hat (»Henne-Ei-Problem«). Gleichzeitig weisen jedoch Untersuchungen darauf hin, dass Sportsüchtige ohne Vorliegen anderer Störungen (d. h. eindeutig primär Sportsüchtige) eine andere Motivationsstruktur (Blaydon et al. 2002) und auch in anderen Merkmalen (Freimuth et al. 2011) Unterschiede zu vermutlich sekundär Sportsüchtigen zeigen. In der epidemiologischen Betrachtung wäre die Unterscheidung einer primären und einer sekundären Sportsucht deshalb wichtig, da allein die starke Verbindung von Essstörungen und auffälligem Sport- und Bewegungsverhalten (Davis und Kaptein 2006) die Prävalenz der Sportsucht überwiegend erklärt. Oder anders: Sportsüchtige, die kein auffallendes Essverhalten zeigen, sind einerseits relativ selten, andererseits ein Hinweis darauf, dass Sportsucht nicht allein als sekundäre Erscheinung, also als Konsequenz einer anderer Störung auftritt.

Die primäre Sportsucht, das heißt das krankhafte Sport- und Bewegungsverhalten ohne vorhergehende andere psychische Auffälligkeiten, ist jedoch vermutlich selten (Szabo 2000; Terry et al. 2004; Veale 1995). Breuer und Kleinert (2009) leiten aus den vorliegenden Zahlen und Untersuchungsbedingungen ab, dass die *primäre* Sportsucht je nach Krankheitsgrad (und zugrundeliegendem Instrument) bei Sportlern eine *Lebenszeitprävalenz* von 0,1–1 % hat. Zugleich lässt sich also sagen, dass die reine Form der Sportsucht, also ohne Begleitstörungen wie zum Beispiel Ess-, Körper- oder Zwangsstörung, eher die Ausnahme ist. Die Prävalenz der sekundären Sportsucht ist deutlich höher, was daran liegt, dass bestimmte Störungsbilder sehr häufig mit Anzeichen einer Sportsucht einhergehen. Nach Zeeck und Schlegel (2012) zeigen beispielsweise 40–70 % der Menschen mit Essstörungen auffälliges Sportverhalten. Demnach besitzen sehr wahrscheinlich die meisten sportsuchtauffälligen Patienten in der Praxis eine sekundäre Symptomatik in Folge oder im Zusammenhang mit einer grundlegenden Essstörung (▶ Kap. 4.3). Die reine, primäre Sportsucht bleibt die Ausnahme (Breuer und Kleinert 2009).

4

Verhaltensspezifika

4.1 Formen, Typisierung und Komorbidität der Sportsucht

Jens Kleinert

Wie im Rahmen der Begriffsbestimmung (▶ Kap. 2) bereits erwähnt, zeigt sich Sportsucht im Sinne eines problematischen Sport- und Bewegungsverhaltens in sehr unterschiedlichen Facetten. Dies betrifft gleichermaßen die äußere Erscheinung der Sportsucht (z. B. die Art der Aktivität) als auch das innere, psychodynamische Geschehen. Die mögliche Konsequenz einer solchen Vielfältigkeit besteht darin, dass ein Krankheitsbild unüberschaubar und schwer beschreibbar

4.1 Formen, Typisierung und Komorbidität der Sportsucht

wird, was sich auf das Verständnis einer Erkrankung auswirken kann. Wenn aber Sportsucht nicht systematisiert wird, weil sehr unterschiedliche Unterformen und Varianten vermengt werden, dann kann in der Folge auch die Behandlung darunter leiden, denn: wenn Unklarheit in der Charakterisierung oder Entstehung (d. h. Ätiologie bzw. Pathogenese, ▶ Kap. 5) der Sportsucht besteht, dann sind insbesondere ursächliche Behandlungsformen kaum möglich.

Um die unterschiedlichen Charaktere und Erscheinungsformen von Sportsucht voneinander zu trennen, scheint es also angebracht, eine *Typisierung* der Sportsucht vorzunehmen. Eine solche Typisierung hilft vor allem dabei, das vorliegende Krankheitsgeschehen zu systematisieren und hiermit auch genauer zu beschreiben. Diese Systematisierung eines komplexen Erkrankungskreises ist nicht nur für die nähere Beschreibung (und hiermit für die genauere Behandlung) wichtig, sondern auch für die Zuordnung oder Abgrenzung von anderen Störungsbildern. Ein Vergleich mit anderen Störungen ist gerade bei der Sportsucht wichtig, da es teils starke Überschneidungen mit psychischen Erkrankungen (z. B. Essstörungen, Zwangsstörungen) gibt, die eine solche Gegenüberstellung notwendig machen. Zugleich ergibt sich über die Typisierung und Systematisierung die Möglichkeit, Komorbiditäten (d. h. die häufige Verbindung verschiedener Störungsbilder) zu betrachten (▶ Kap. 4.3 und ▶ Kap. 4.4). Solche Komorbiditäten sind bei Sportsucht (wie bei vielen Verhaltenssüchten) durchaus typisch.

Aufbauend auf diesen Überlegungen besitzt das vorliegende Kapitel zwei Zielsetzungen. (1) Es soll eine drei-achsige Typisierung von Sportsucht beschrieben werden, die dabei helfen soll, unterschiedliche Ausprägungen von Sportsucht einordnen zu können und hiermit zugleich mit anderen Störungsbildern vergleichen zu können. In Zusammenhang mit angrenzenden Störungsbildern soll auch die Einordnung in die allgemeine Systematik psychischer Störungen diskutiert werden (ICD-10 bzw. vorläufige Fassung der ICD-11 (WHO 2019)). (2) Aufgrund der besonderen Problematik der Komorbidität im Rahmen der Sportsucht, soll aufbauend auf dieser Drei-Achsen-Typisierung die Frage der Komorbidität überblicksartig angesprochen werden, bevor in den nachfolgenden Kapiteln einzelne Aspekte von Komorbidität (z. B. Essstörungen) besonders herausgehoben werden.

4.1.1 Drei-Achsen-Typisierung der Sportsucht

Angesichts der besonderen Merkmale der Sportsucht und ihrer vielfältigen Ausprägungen (▶ Kap. 2) lassen sich nach Kleinert (2014) drei Ebenen ableiten, in denen das klinische Bild der Sportsucht eingeordnet und näher charakterisiert werden kann (▶ Abb. 4.1). Dieses Drei-Achsen-Modell ist bislang eher ein hermeneutischer Zugang (also eine theoretische Annäherung), der sich klinisch-empirisch noch bestätigen muss. Dennoch ist eine solche Typisierung sinnvoll und zweckmäßig, da hierdurch begrifflich verschiedene Subtypen der Sportsucht beschreibbar und zugleich voneinander trennbar sind, was therapeutische Konsequenzen haben kann (z. B. die Unterscheidung von egosyntonen und egodystonen Typen). In Hinsicht auf die Trennbarkeit von Subtypen muss allerdings davon ausgegangen werden, dass – wie bei allen Typisierungen – Mischformen angenommen werden müssen.

4.1.2 Ätiologische Typisierung: Primäre vs. sekundäre Sportsucht

Für die ätiologische und pathogenetische Betrachtung der Sportsucht ist es hilfreich, Zusammenhänge mit anderen psychischen Krankheitsbildern zu berücksichtigen (s. Ausführungen zur Pathogenese; ▶ Kap. 5.1). Wenn andere psychische Erkrankungen (z. B. Essstörungen; ▶ Kap. 4.3) die Grundlage für die Entwicklung der Sportsucht darstellen, wird von einer sekundären Sportsucht gesprochen. Demgegenüber wird die eine *primäre Sportsucht* angenommen, wenn sich die Problematik ohne Vorliegen einer weiteren psychischen Erkrankung im oder durch das Sporttreiben selbst entwickelt. Auch bei primärer Sportsucht liegen jedoch tiefgreifende psychische Probleme

4.1 Formen, Typisierung und Komorbidität der Sportsucht

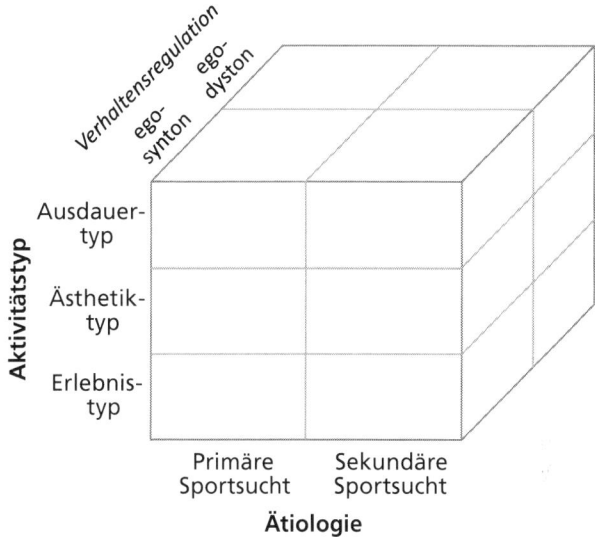

Abb. 4.1: Kennzeichnung einer Sportsucht auf den drei Achsen Ätiologie, Verhaltensregulation und Aktivitätstyp (modifiziert nach Kleinert 2014).

vor, die sich jedoch dann nicht als eigenständige, psychische Erkrankung diagnostizieren lassen.

Trotz der Kritik an der Einteilung in eine primäre und sekundäre Sportsucht (▶ Kap. 3.4) weisen einzelne Autoren darauf hin, dass sekundär Sportsüchtige mit einer grundlegenden anderen psychischen Problematik (z. B. einer Essstörung) andere Symptome aufweisen als primär Sportsüchtige (Freimuth et al. 2011); hier werden insbesondere motivationale Aspekte der Sucht angesprochen (Blaydon et al. 2002). Letztendlich lässt sich bis dato jedoch nicht eindeutig klären, ob oder inwieweit die Unterscheidung zwischen einer primären und einer sekundären Sportsucht anhand der Symptome möglich ist. Vermutlich ist bei dieser Unterscheidung die genaue, retrospektive Betrachtung der Krankheitsgeschichte das wichtigere Kriterium.

Vor allem die pathogenetischen Unterschiede zwischen primärer und sekundärer Sportsucht (Freimuth et al. 2011; Kleinert 2014), aber möglicherweise auch Unterschiede in Hinsicht auf die Symptomatik der Erkrankung (s. vorherigen Absatz), legen eine ätiologische Typisierung in einen primären und einen sekundären Typus nahe. Die hiermit einhergehende Bezeichnung des Patienten auf der ätiologischen Achse ist nicht nur zur Dokumentation und Kennzeichnung empfehlenswert, sondern hat auch Konsequenzen für die Behandlungsplanung, da die Behandlung der ursächlichen Problematik im Vordergrund stehen sollte (Dalle Grave 2009).

4.1.3 Verhaltensregulative Typisierung: egosyntone vs. egodystone Sportsucht

Das Symptom des Zwangs spielt im Rahmen der Sportsucht eine maßgebliche Rolle (▶ Kap. 2.1). Bereits in den ersten Beschreibungen der Sportsucht (Morgan 1979) wurde das Zwangserleben als zentrales Merkmal genannt und auch in den Folgejahren wurde dies bestätigt (De Coverley Veale 1987; Gulker et al. 2001; Hausenblas und Symons Downs 2002b; Hausenblas und Symons Downs 2002a; Taranis et al. 2011a).

Uneinigkeit besteht allerdings darin, ob die Zwangssymptome (z. B. Zwangsgedanken, Zwangshandeln) für die Charakterisierung der Sportsucht notwendig sind oder zumindest ob sie stark ausgeprägt sein müssen. Dementsprechend geben verschiedene Autoren zu bedenken, dass Sportsucht auch ohne bedeutsames Zwangserleben bestehen kann, vielleicht sogar vielfach besteht (Davis et al. 1993, Freimuth et al. 2011, Kleinert et al. 2013). Dies wird einerseits damit begründet, dass Abhängigkeit und Zwang voneinander unabhängige Konstrukte darstellen, die zwar eng verknüpft sind, aber dennoch voneinander getrennt existieren können (Davis et al. 1993, S. 613); andererseits liegen Erkenntnisse vor, nach denen das Bild einer Sportsucht auch ohne das Gefühl des Zwanghaften existiert (Davis et al. 1993; Freimuth et al. 2011). Diese Form der Sportsucht, die ohne Zwangserleben in Erscheinung tritt, kann in Anlehnung an die Überlegungen von Davis, Brewer und Ratusny (1993) als *egosyntone*

4.1 Formen, Typisierung und Komorbidität der Sportsucht

Form der Sportsucht bezeichnet werden. Egosynton heißt, dass das suchtartige Verhalten (hier Sport und Bewegung) als ich-konsistent (d. h. stimmig mit den eigenen Wünschen und Vorstellungen) erlebt wird. In diesem Fall ist Verhalten »rather impulsive than compulsive« (Davis et al. 1993, S. 613). Da egosyntone Verhaltensweisen auch in gesunden Ausprägungen vorkommen (▶ Kap. 5.2), ist gerade bei der egosyntonen Sportsucht die Trennung zwischen einer behandlungsbedürftigen Verhaltensstörung und einem zwar auffälligen, aber nicht behandlungspflichtigen Verhalten oft schwer.

Dem egosyntonen Typ der Sportsucht steht die egodystone Sportsucht entgegen. Dieser Typus ist dadurch charakterisiert, dass das Verhalten als wenig ich-konsistent, teils sogar als widersprüchlich zu den eigenen Wünschen und Vorstellungen erlebt wird. Daher steht bei egodystoner Verhaltensregulation nicht die Stimmigkeit mit eigenen Bedürfnissen oder Einstellungen im Vordergrund, sondern die Reduktion von negativem Affekt. Das heißt, dass egodyston Sportsüchtige Sport oder Bewegung nutzen, um negative Gefühle (z. B. Schuld, Angst) abzubauen oder nicht aufkommen zu lassen.

Eine Unterscheidung von egosyntoner und egodystoner Sportsucht ist in vielen Fällen vermutlich nicht eindeutig. Vielmehr zeigen Forschungsdaten, dass in vielen Fällen Mischformen beider Regulationsformen vorliegen, allerdings mit stärkeren Akzentuierungen in die eine oder andere Richtung (Kleinert und Wasserkampf 2016). Entsprechend dieser Akzentuierungen ist eine Typisierung der Sportsucht in »eher egosynton« und »eher egodyston« (Kleinert 2014) auch aus Sicht der Behandlung angezeigt: Einerseits bedürfen beide Typen wahrscheinlich unterschiedlicher therapeutischer Zugänge (▶ Kap. 7.1), andererseits ist insbesondere bei der egosyntonen Sportsucht wenig Leidensdruck, wenig Krankheitseinsicht und demzufolge eine geringere therapeutische Compliance zu erwarten.

Abschließend sollte hervorgehoben werden, dass sich die egosyntone Form der Sportsucht vermutlich nicht selten in eine egodystone Sportsucht umwandelt. Die klinische Praxis legt in diesem Sinne nahe, dass das Sporttreiben bei den Patienten erst egosynton und zunehmend stärker fremdgesteuert und unkontrollierbar, das heißt egodyston erlebt wird. Ähnliche Prozesse sind bei Verhaltenssüchten aus grundsätzlicher Perspektive bekannt (Batra und Steffen 2014). Die empirische Absicherung dieser Transformation von Egosyntonie zu Egodystonie im Zusammenhang mit Sportsucht steht bislang aus.

4.1.4 Aktivitätsgebundene Typisierung: Ausdauer-, Ästhetik- und Erlebnistyp

Sportsucht kann in den verschiedensten Aktivitätsformen auftreten, wobei sich bestimmte Aktivitätscluster bilden lassen, die sich zum einen bezogen auf typische Bewegungsformen oder körperliche Beanspruchungen unterscheiden. Zum anderen kann angenommen werden, dass zwischen diesen Aktivitätsclustern unterschiedliche Mechanismen in Hinsicht auf die Entstehung oder Aufrechterhaltung des Krankheitsbildes bestehen, die für die Behandlung der Sportsucht grundsätzliche Unterschiede nahelegen. Aufgrund dieser Betrachtungsweise wird im Folgenden eine Typisierung in einen Ausdauer-, einen Ästhetik- und einen Erlebnistypus vorgeschlagen.

Der *Ausdauertyp* ist die in der Literatur am häufigsten beschriebene Form der Sportsucht. Dies hat zwei Hauptgründe. Zum einen sind die meisten Studien zur Sportsucht an Läufern, Radfahrern oder Triathleten durchgeführt worden (Egorov und Szabo 2013). Zum anderen eignen sich Ausdaueraktivitäten am besten dazu, die Zielsetzung derjenigen Sportsüchtigen zu erfüllen, die von einer Essstörung betroffen sind. Diese Zielsetzung besteht darin, möglichst kontrolliert viele Kalorien zu verbrauchen (für eine Übersicht s. Zeeck und Schlegel 2012). Der Ausdauertyp ist daher mit hoher Wahrscheinlichkeit mit pathologischem Essverhalten vergesellschaftet, was allerdings nicht zwingend mit einer Essstörung gleichzusetzen ist. Trotzdem ist die Verbindung von Essstörungen und ausdauerorientierter Sportsucht offensichtlich (mehr als die Hälfte der Patienten mit Essstörungen zeigen zugleich auffälliges Sportverhalten; Shroff et al. 2006; ▶ Kap. 4.3).

4.1 Formen, Typisierung und Komorbidität der Sportsucht

Der *Ästhetiktyp* umfasst suchtartige Sport- und Bewegungsaktivitäten, die es in besonderer Weise ermöglichen, dem krankhaften Drang nach Formung und Gestaltung des eigenen Körpers zu folgen (z. B. Kraft- und Fitnesssport). Dieser Drang entwickelt sich aus einem unangemessenen Körperideal gepaart mit einem unrealistischen Körperbild (Kleinert et al. 2013) und dem Wunsch, den eigenen Körper kontrollieren und beherrschen zu können. Entsprechend dieser Psychodynamik ist der Ästhetiktyp vermutlich eng mit Körperbildstörungen assoziiert (Weilbach 2007). Bei Männern tritt beispielsweise die sogenannte »Muskeldysmorphie« auf (Pope, JR. et al. 1997), die im Bodybuilding vermutlich bei jedem zehnten Aktiven vorliegt (Pope et al. 2000a; zur Übersicht ▸ Kap. 4.4).

Aus klinischer und empirischer Sicht weniger Beachtung findet der *Erlebnistyp* der Sportsucht. Diese Variante ist zwar in der medialen Öffentlichkeit sehr präsent (z. B. in Form von Berichten über unerklärlich waghalsiges Verhalten im Abenteuer- und Erlebnissport), allerdings ist die klinische Bedeutsamkeit dieses Typus weitgehend ungeklärt. Studien im Abenteuersport zeigen allerdings, dass hier Mischformen aus egosyntoner und egodystoner Regulation relativ häufig sind (Kleinert und Wasserkampf 2016), was ein Indiz für ein gewisses Suchtpotenzial sein könnte. Außerdem ist anzunehmen, dass bei den Betroffenen die Fixierung auf das Sport- oder Bewegungserlebnis so groß sein kann, dass Abhängigkeitssymptome und insbesondere die Vernachlässigung des sozialen Lebens (z. B. Beruf, Familie) zu erwarten sind. Darüber hinaus ist im Gegensatz zum Ausdauer- und Ästhetiktyp beim Erlebnistyp eine primäre Sportsucht zu erwarten.

4.1.5 Komorbidität

Im Rahmen der vorhergehenden Typisierung wurde an verschiedenen Stellen der Aspekt der Komorbidität angesprochen. Am deutlichsten tritt dieser Aspekt im Zusammenhang mit Essstörungen auf, weswegen im vorliegenden Buch diesem Bereich auch ein eigenes Kapitel gewidmet ist (▸ Kap. 4.3). Neben der Essstörung wird ein weiteres Krankheitsbild in einem eigenen Kapitel aufgegriffen, nämlich das der Muskeldysmorphie (▶ Kap. 4.4). Aufgrund dieser späteren Ausführungen wird im vorliegenden Abschnitt lediglich eine Gesamtübersicht über das Thema der Komorbidität gegeben. Diese Übersicht soll verdeutlichen, welche psychischen Begleiterkrankungen in Betracht gezogen werden müssen, wenn eine Sportsucht eingeschätzt oder differentialdiagnostisch bewertet wird.

An erster Stelle möglicher Begleiterkrankungen der Sportsucht liegt die *Essstörung* (Davis und Kaptein 2006). Dies ist deshalb erklärlich, da ein beträchtlicher Teil der Patienten mit einer Essstörung auch eine klinisch problematische Sport- und Bewegungsaktivität aufweist (Zeeck und Schlegel 2012). Diese enge Verbindung von Essstörungen und Sportsucht legt im Falle einer Sportsucht nahe, dass zugleich eine Essstörung vorliegt. Auch wenn hierbei zumeist die Magersucht (Anorexia Nervosa) genannt wird, gibt es Hinweise auf Komorbidität mit anderen Formen der Essstörung (z. B. Bulimie; vgl. Freimuth et al. 2011; Zeeck und Schlegel 2012).

Neben den Essstörungen kann Sportsucht mit Auffälligkeiten im Bereich der Körperwahrnehmung oder sogar *Körperbildstörungen* einhergehen (s. weiter oben »Ästhetiktyp« der Sportsucht). Bei den Betroffenen liegen unrealistische und verzerrte Körperideale vor und das subjektive Bild vom eigenen Körper unterscheidet sich deutlich von der tatsächlichen eigenen Erscheinung (Weilbach 2007). Typisch ist außerdem die zwanghafte gedankliche Beschäftigung mit dem (negativ verzerrten) eigenen Körperbild. Diese Problematik ist nicht auf Frauen beschränkt, sondern liegt auch bei Männern vor, dann vermutlich gepaart mit Krafttraining oder ähnlichen Fitnessaktivitäten. In der Literatur wird die Verbindung von Körperbildstörung und Sportsucht mit unterschiedlichen Begriffen in Verbindung gebracht, so z. B. »Muskeldysmorphie« (Pope, JR. et al. 1997), »reverse Anorexia« (Pope, JR. et al. 1993), »Bigorexia« (Mosley 2009; Olivardia 2001) oder »Adonis-Komplex«. Körperbildstörungen bei Sportsüchtigen sind vermutlich häufig auch mit Essstörungen verknüpft, weswegen Sportsucht, Essstörung und Körperbildstörung eine häufige Trias bilden (Jacobi und Zwaan 2011; Weilbach 2007).

Das Phänomen des Zwangserlebens wurde an verschiedenen Stellen sowohl als Kriterium der Sportsucht (▶ Kap. 1.2) als auch als Typisierungsachse (▶ Kap. 3.1.) beschrieben. Zwang ist somit in vielen Fällen der Sportsucht ein Begleitphänomen. Fraglich ist jedoch, ob und wie häufig nicht nur das Phänomen des Zwangs, sondern eine substanzielle Zwangserkrankung vorliegt, die sich dann in anderen Bereichen statt des Sports zeigt. Die differentialdiagnostische Abklärung von Zwang als einem bloßen Symptom bei Sportsucht oder von Zwang als eigenständiger psychischer Erkrankung (d. h. einer Zwangsstörung) wird von manchen Autoren als kaum möglich angesehen (Gulker et al. 2001; Taranis et al. 2011a), scheint allerdings notwendig zu sein, da je nach Ergebnis einer solchen Differentialdiagnose Behandlungsformen und -strategien anders beschaffen sein müssten.

Neben diesen typischen Komorbiditäten werden andere Begleitstörungen zwar weniger in der Literatur genannt, scheinen jedoch durchaus plausibel und relevant. So wird in der Literatur die Komorbidität mit Persönlichkeitsstörungen nahegelegt (z. B. Rigidität oder Perfektionismus; Goodwin et al. 2011; Meyer et al. 2011). Auch andere Abhängigkeiten können mit der Sportsucht einhergehen. Freimuth, Moniz und Kim (2011) beschreiben, dass jeder fünfte bis sechste Sportsüchtige substanzabhängig ist, z. B. nach Stimulantien (Koffein, Amphetamin, Alkohol oder Nikotin). Allerdings scheint die Datenlage für abschließende Einschätzungen hier bislang nicht verlässlich zu sein.

4.2 Sportsucht und Ausdauersport

Heiko Ziemainz

Peter M. (47) nimmt am Ironman Frankfurt teil. Eine Triathlonveranstaltung, bei der 3,8 km Schwimmen, 180 km Radfahren und 42,1 km Laufen zurückzulegen sind. Sein Freund Frank ist der Meinung, dass

4 Verhaltensspezifika

Peter und alle anderen Ausdauersportler krank bzw. süchtig sein müssen, da er/sie sich diesen oder ähnlichen Distanzen in einem Wettkampf stellt/stellen. Frank ist ein typischer Vertreter des »Couching« und verbringt den Großteil seines Tages im Sitzen oder im Liegen. Auf mehr als 1000 Schritte kommt er im Regelfall nicht. Von daher erscheint die Herausforderung, der sich Peter stellt, für Frank als völlig »verrückt!« Nähern wir uns diesem Sachverhalt vor dem Hintergrund der bisher existierenden wissenschaftlichen Befundlage, so ist zunächst die Frage angebracht, was unter dem Sammelbegriff Ausdauersportarten überhaupt verstanden wird und für welche Sportarten überhaupt wissenschaftliche Befunde bezüglich einer Sportsucht vorliegen.

4.2.1 Ausdauer

»Ausdauer ist eine sportmotorische Fähigkeit, die im Allgemeinen als psychophysische Ermüdungswiderstandsfähigkeit des Sportlers verstanden wird« (Weineck 2007, S. 229). Dies ermöglicht

- eine gewählte Intensität möglichst lange aufrecht erhalten zu können,
- die Verluste an Intensität so gering wie möglich zu halten,
- die sportliche Technik und das taktische Verhalten über längere Zeit stabilisieren zu können und
- sich nach einer Belastung schnell(er) erholen zu können (Hohmann et al. 2002).

In unserem Fallbeispiel bedeutet dies, den Ironman zu bewältigen oder diesen sogar in einer bestimmten Zeit zu absolvieren und sich im Anschluss schnell(er) erholen zu können.

Es gibt verschiedene Arten der Ausdauer, z. B. allgemein vs. lokal oder aerob vs. anaerob.

Grundsätzlich geht es bei dieser Einteilung darum, ob genügend Sauerstoff zur oxydativen Verbrennung der Energieträger zur Verfügung steht. Bei der aeroben Ausdauer ist dies der Fall, bei der anaeroben Ausdauer ist die Sauerstoffzufuhr aufgrund der hohen Belastungsintensität zur oxydativen Verbrennung unzureichend, die Energie wird anoxydativ bereitgestellt (Weineck 2007), meist zu sehen an einem hohen Laktatwert. In der Diskussion um die Endorphin-Hypothese konnte in Untersuchungen festgestellt werden, dass ein hoher Endorphinspiegel mit einem hohen Laktatwert korreliert (Schipfer 2015).

»In der Sportpraxis kommt es in den meisten Fällen nicht zu einer rein oxdativen bzw. antioxydativen Energiebereitstellung, sondern zu einer belastungs- und intensitätsabhängigen Mischform« (Weineck 2007, S. 142).

Aus diesem Grund hat sich die Einteilung in Kurz-, Mittel- und Langzeitausdauer als sinnvoll erwiesen. Letztere wird wiederum in Langzeitausdauer I–III, je nach Anteil der unterschiedlichen Energiebereitstellungprozesse, unterteilt. Untersuchungen im Bereich Sportsucht und Ausdauersport betrachten Sportarten, die sich mindestens im Langzeitausdauerbereich II (30–90 Minuten; Ziemainz et. al 2013), eher jedoch im Langzeitausdauerbereich III (mehr als 90 Minuten) bewegen (Mayolas-Pi et al. 2016; Schipfer 2015; Youngman und Simpson 2014; Ziemainz et al. 2013).

4.2.2 Prävalenz

Bezugnehmend auf verschiedene nationale und internationale Untersuchungen schwanken auch hier die Angaben deutlich (▶ Kap. 3). 4,5–43,3 % der untersuchten Ausdauersportler wurden als gefährdet eingestuft (Ziemainz et al. 2013; Ruby 2008; Blaydon und Lindner 2002). Diese große Streubreite liegt zum einen im verwendeten Messinstrument und zum anderen in der Größe der Stichprobe begründet. Die Erlanger Arbeitsgruppe um Ziemainz et al. (2013) konnte in einer Studie aus dem Jahr 2012 an über 1000 Ausdauersportlern und Ausdauersportlerinnen einen Wert von 4,5 % sportsuchtgefährdeter Sportler mittels EAI (Terry et al. 2004) dokumentieren.

4 Verhaltensspezifika

Wie in der hier dargestellten Studie werden meist Screeninginstrumente eingesetzt und keine klinischen Interviews. Ein auffälliger Score im Screening bedeutet noch keine Diagnose (▶ Kap. 3; ▶ Kap. 6). Darüber hinaus sind manche Items in den verwendeten Verfahren für den Leistungsportbereich durchaus problematisch (z. B. Umfangssteigerung; vgl. Zeeck et al. 2013; ▶ Kap. 6). Schipfer (2015) und Griffiths, Szabo und Terry (2005) verweisen außerdem darauf, dass es sich bei den höheren Prävalenzraten vermutlich um Sportler handelt, bei denen eine sekundäre Sportsucht vorliegt. Allerdings kann auch bei den geringeren Prävalenzraten ein entsprechender Anteil an sekundär »Sporttüchtigen« nicht ausgeschlossen werden.

4.2.3 Sportsucht und Ausdauersportart

Bisherige Untersuchungen stützen sich meist auf die Betrachtung von wenigen Ausdauersportarten (Laufen, Triathlon und Radsport). Bezüglich Skilanglauf, Skitouren, Langstreckenschwimmen etc. sind keine Untersuchungen zu finden.

So weisen Triathleten höhere Sportsuchtwerte auf als andere Ausdauersportler (Ziemainz et al. 2013). Dies könnte an der Breite der möglichen Aktivitäten im Triathlon liegen. Ein Erklärungsansatz wäre, dass die Möglichkeit, eine positive Stimmung zu erzeugen/die entsprechende Dosis zu erreichen, durch die höhere Anzahl der zu trainierenden Sportarten vermutlich eher gegeben ist (Brown 1997; Ziemainz et al. 2013). Allerdings deuten die Studien von Blaydon und Lindner (2002) und von Ruby (2008) an, dass bezüglich der jeweiligen Distanz (z. B. Triathlon: Kurz-, Mittel- und Langdistanz) Unterschiede zu Tage treten können (Youngman und Simpson 2014). Dahinter steht die Vermutung der Autoren, dass mit steigender Wettkampfdistanz der Umfang an Training deutlich zunimmt, dem Sport bzw. Training generell eine höhere Bedeutung zukommt, stärkere Stimmungsschwankungen auftreten und daraus mehr Konflikte mit anderen Lebensbereichen (Familie, Beruf etc.) resultieren. Der in diesem

4.2 Sportsucht und Ausdauersport

Zusammenhang mögliche Artefakt wird an anderer Stelle (▶ Kap. 6) ausführlicher diskutiert.

Dies lässt sich für den Bereich Lauf oder Radsport ebenfalls vermuten, da es auch hier ganz unterschiedliche Wettkampfformate mit zum Teil erheblichen Unterschieden bezüglich Streckenlänge gibt. So konnten Youngman und Simpson (2014) ein erhöhtes Risiko bei der halben Ironman-Distanz bzw. Mitteldistanz analysieren. Vor allem die deutliche Steigerung der Trainingsumfänge von den kürzeren Distanzen (Sprint-/Olympische Distanz) zur Mitteldistanz scheint hier, vor dem Hintergrund der oben skizzierten Vermutung der Autoren, zum Tragen zu kommen.

Augenscheinlich ist jedoch, dass in den bisherigen Untersuchungen vor allem Triathleten gefährdeter zu sein scheinen als andere Gruppen (Ziemainz et al. 2013). Neben den bereits oben erwähnten Gründen könnte es u. a. auch daran liegen, dass die Verwirklichung sekundärer Ziele (wie z. B. die Gewichtsreduktion) eher durch die Ausübung von drei Sportarten zu realisieren ist. Denn wenn es z. B. aufgrund von Erschöpfung in der Beinmuskulatur nicht mehr oder nur schwer möglich ist einen Lauf zu absolvieren, kann durchaus noch eine Schwimmeinheit (hier wird primär die Oberkörpermuskulatur beansprucht) durchgeführt werden.

4.2.4 Sportsucht und Geschlecht

Fanden Pierce et al. (1997) noch leicht höhere Sportsuchtwerte bei Marathonläuferinnen, so zeigen sich in neueren Untersuchungen keine bedeutsamen Unterschiede zwischen den Geschlechtern (Modolo et al. 2011; Ziemainz et al. 2013; Mayolas-Pi et al. 2016). Allerdings kann nicht ausgeschlossen werden, dass sich die Geschlechter hinsichtlich der Sportmotive unterscheiden. So gaben Frauen vermehrt an, Sport auszuüben, um ihr körperliches Erscheinungsbild zu verbessern, wohingegen bei Männern der Faktor der Leistungserbringung im Vordergrund stand (Modolo et al. 2011).

4.2.5 Sportsucht und Alter

Bezüglich der Variable Alter konnten Ziemainz et al. (2013) in ihrer Untersuchung einen statistisch bedeutsamen Unterschied bezüglich der Gefährdung von Sportsucht finden. Gerade die jüngeren Athleten zeigten deutlich höhere Werte. Dies könnte daran liegen, dass die Tätigkeit nicht um ihrer selbst willen betrieben wird, sondern um sekundäre Ziele wie Gewichtsreduktion, Verbesserung des Selbstvertrauens, Identitätsstärkung etc. zu erreichen (Alfermann und Stoll 2010). Mayolas-Pi et al. (2016) konnten hingegen keine Unterschiede finden.

4.2.6 Sportsucht und Trainingsalter/Belastungsnormative im Ausdauersport

Youngman und Simpson (2014) konnten keinen Einfluss des Trainingsalters in ihrer Untersuchung auf die Sportsuchtgefährdung feststellen. Ziemainz et al. (2013) hingegen deuten darauf hin, dass Athleten, die seit mehreren Jahren Ausdauersport betreiben, über einen höheren Sportsucht-Score als Athleten mit einer geringeren Anzahl an Jahren verfügen. Die Autoren interpretieren dieses Ergebnis vor dem Hintergrund des Ansatzes von Brown (1997) mit der Verfestigung klassischer Konditionierungseffekte, Ritualen und dysfunktionalen Glaubenssystemen über die Jahre.

Zum anderen zeigten sich bei den Belastungsnormativen Trainingshäufigkeit und -umfang ebenfalls bedeutsame Unterschiede, und zwar dahingehend, dass die Athleten mit höheren Umfängen über einen höheren Sportsucht-Score verfügen als Athleten mit geringeren Umfängen (Kovacsik et al. 2018a; Youngman und Simpson 2014; Ziemainz et al. 2013). Eine mögliche Erklärung wäre, dass betroffene Athleten immer größere Trainingsumfänge benötigen. Des Weiteren ist vorstellbar, dass Athleten, die sich über die Trainingsjahre hinweg ihrer Leistungsgrenze angenähert haben, in dem Versuch, ihre Leistung zu erhalten bzw. noch minimal zu verbessern, sich vermehrt im Sport »verrennen« und somit sportsüchtiges Verhalten aufweisen.

4.2.7 Probleme

Neben den bisherigen Ausführungen und der Skizzierung möglicher Probleme (▶ Kap. 5.1) scheint der Zusammenhang einer Sportsuchtgefährdung mit anderen trainings-assoziierten Variablen (z. B. physische Konstitution, sportliche Leistung) nach wie vor uneindeutig (Youngman und Simpson 2014).

Im leistungssportlichen Kontext könnte es darüber hinaus zielführender sein, Items zu formulieren, die nachfolgende Aspekte beleuchten: Wurden Pausen zur Regeneration eingehalten oder nicht, wurden Ratschläge der Trainer befolgt oder trotzdem weiter/zu viel trainiert etc. Dies könnten Kriterien sein, die treffsicherer sind als Items wie »kontinuierliche Steigerung des Sporttreibens«, »trainierte weiter trotz Verletzung«, »hielt sich an rigide Trainingspläne« etc.

Außerdem sollten neben Geschlecht und Alter weitere soziodemografische Faktoren untersucht werden (Mayolas-Pi et al. 2016). So könnten eindeutigere Hinweise/Befunde über Unterschiede und potentielle Moderator-, Mediatoreffekte des Einflusses verschiedener Variablen gegeben/erzielt werden (Cook et al. 2013).

Kommen wir nun auf unser Eingangsbeispiel zurück: Die wissenschaftliche Befundlage deutet an, dass Triathleten, in unserem Fall Peter, ein etwas höheres Risiko haben, an einer Sportsucht zu erkranken, gerade wenn sie die Sportart schon länger ausüben. Dabei ist es egal, ob es sich um einen Triathleten oder eine Triathletin handelt. Allerdings scheint die Wahrscheinlichkeit, an einer Sportsucht zu erkranken, zumindest bei primärer Sportsucht, unter 1 % zu liegen (Breuer und Kleinert 2009; Ziemainz et al. 2013). Somit ist die Einschätzung von Frank, dass Peter und alle anderen Ausdauersportler krank bzw. süchtig sein müssten, wohl eher nichtzutreffend. Wäre bei Peter jedoch eine Essstörung als Grunderkrankung diagnostiziert worden, wäre sein Risiko, an einer (sekundären) Sportsucht zu erkranken, deutlich höher (Schipfer 2015, Griffiths et al. 2005).

4.3 Essstörungen und Sportsucht

Almut Zeeck

Am häufigsten tritt eine Sportsucht »sekundär« im Rahmen einer Essstörung auf (▶ Kap. 3.4). Dies trifft für die Anorexia nervosa und die Bulimia nervosa sowie andere Formen von Essstörungen zu, bei denen ein ausgeprägter Wunsch nach Schlankheit und eine Angst, zu dick zu sein oder zu dick zu werden, im Vordergrund stehen (Monell et al. 2018). Bei der Binge-Eating-Störung – einer Essstörung mit Essanfällen, bei der die Betroffenen in 60–70 % der Fälle übergewichtig sind – zeigt sich im Gegensatz dazu eher ein Bewegungsmangel (Vancampfort et al. 2015).

Die Anorexia nervosa ist eine Essstörung, die durch ein selbst herbeigeführtes Untergewicht (Body-Mass-Index < 18,5 kg/m^2), eine Körperbildstörung und die krankhafte Angst davor, zu dick zu sein oder zu dick zu werden, charakterisiert ist (Treasure et al. 2015). Es werden zwei Formen unterschieden: ein Typ ohne aktive Maßnahmen zur Gewichtsabnahme (»restriktiver Typ«) und ein Typ mit aktiven Maßnahmen (»purging«-Typ: dazu gehören u. a. selbstinduziertes Erbrechen und der Missbrauch von Abführmitteln, unter Umständen in Verbindung mit Essanfällen). Bei der Bulimia nervosa kommt es zu Essanfällen, bei denen die Kontrolle über das Essverhalten verlorengeht. Die Betroffenen nehmen bei Essanfällen ungewöhnlich große Nahrungsmengen in einer kurzen Zeit zu sich. Sie tun dies aus Schamgefühl in der Regel heimlich. Aufgrund einer großen Angst vor einer Gewichtszunahme werden gegenregulierende Maßnahmen eingesetzt, welche in Hungerphasen, exzessivem Sporttreiben, selbstinduziertem Erbrechen oder der Einnahme von Abführmitteln bestehen können (Dilling et al. 2015). Zwischen beiden Erkrankungen gibt es Übergänge. Eine weitere Gruppe bilden »atypische« oder »nicht näher bezeichnete Essstörungen«, bei denen ein Teil, aber nicht alle Kriterien für die eine oder andere Essstörung erfüllt sind. Sie können ebenfalls mit exzessivem Sporttreiben einhergehen (Zeeck und Schlegel 2013).

Exzessives Sporttreiben wird auch in den Klassifikationssystemen für psychische Erkrankungen ICD-10 und DSM-5 als ein diagnostisches Kriterium für Essstörungen genannt, allerdings uneinheitlich (▶ Tab. 4.1): In der Internationalen Klassifikation psychischer Störungen der WHO ICD-10 (Dilling et al. 2015) wird »übermäßige körperliche Bewegung« nur bei der Anorexia nervosa erwähnt, im amerikanischen Klassifikationssystem DSM-5 (American Psychiatric Association [APA] 2013) unter den Hauptkriterien bei der Bulimia nervosa. Bei der Anorexia nervosa findet sie hingegen nur beim

Tab. 4.1: Körperliche Aktivität als diagnostisches Kriterium bei Essstörungen

ICD-10	DSM-5
Anorexia nervosa	Anorexia nervosa
Kriterium 2: Der Gewichtsverlust ist selbst herbeigeführt durch: d. *übertriebene körperliche Aktivitäten*	*Restriktiver Typ:* Dieser Subtyp beschreibt Erscheinungsformen, bei denen der Gewichtsverlust in erster Linie durch Diäten, Fasten und/oder *übermäßige körperliche Bewegung* erreicht wird.
Bulimia nervosa	Bulimia nervosa
	Kriterium B: Wiederholte Anwendung von unangemessenen kompensatorischen Maßnahmen, um einer Gewichtszunahme entgegenzusteuern, wie z. B. ... *übermäßige körperliche Bewegung*

restriktiven Subtyp Erwähnung. In der vorläufigen Fassung der ICD-11 (WHO 2019) wird exzessives oder übermäßiges Sporttreiben bei beiden Störungen genannt – bei der Anorexia nervosa als Methode, um den Energieverbrauch zu erhöhen und bei der Bulimia nervosa als kompensatorisches Verhalten, das eingesetzt wird, um einer Gewichtszunahme entgegen zu steuern.

4.3.1 Symptomatik

Auch wenn problematisches Sporttreiben bei Essstörungen oft als sekundäre Sportsucht beschrieben wird, findet sich keine einheitliche Bezeichnung. Viele Autoren benutzen den Begriff »zwanghaftes Sporttreiben« (»compulsive exercise« im Englischen) oder »exzessives Sporttreiben«. Die Klassifikationssysteme sprechen von »übermäßiger körperlicher Aktivität«, aber ohne »übermäßig« genauer zu definieren.

Die Uneinheitlichkeit der Bezeichnungen hat unter anderem damit zu tun, dass auch die Symptomatik nicht einheitlich ist. Problematisches Sporttreiben wurde daher bei Essstörungen von manchen Autoren auch als »multidimensionales Konstrukt« bezeichnet (Meyer et al. 2011). Es gibt einerseits Menschen mit einer Essstörung, die alle Kriterien erfüllen, die für eine Sportsucht im Sinne einer Verhaltenssucht gefordert werden: Sie treiben exzessiv Sport, steigern den Umfang des Sporttreibens kontinuierlich, hören trotz negativer Folgen (z. B. einer Verletzung) nicht auf Sport zu treiben, haben starke Schuldgefühle beim Auslassen von Trainingseinheiten, Vernachlässigen soziale Kontakte und Verpflichtungen aufgrund des Sporttreibens und orientieren sich an rigiden Trainingsplänen. Es kann dabei unterschiedlich sein, ob das Sporttreiben als etwas erlebt wird, was zu einem gehört und subjektiv kein Problem darstellt (also ich-synton ist), oder als quälender Zwang und Verpflichtung empfunden wird (ich-dyston). Im ersten Fall stehen mehr »süchtige«, im zweiten Fall stärker »zwanghafte« Züge im Vordergrund. Zwanghafte Züge schei-

4.3 Essstörungen und Sportsucht

nen bei der sekundären Sportsucht vorzuherrschen, während die primäre Sportsucht in den meisten Fällen stärker suchtartigen Charakter aufweist (Cunningham et al. 2016).

Es finden sich aber auch Menschen mit einer Anorexia oder Bulimia nervosa, bei denen die Art und Weise des Sporttreibens zwar exzessiv sein kann, aber nur wenig Ähnlichkeiten mit einer Sucht- oder Zwangserkrankung aufweist. Sie wollen mit Sport vor allem »Kalorien verbrennen« und haben das bewusste Ziel, Gewicht und Figur zu beeinflussen. Sie fühlen sich innerlich nicht »gezwungen« Sport zu treiben, halten keine rigiden Trainingspläne ein und es geht ihnen körperlich und psychisch nicht schlecht, wenn sie aufgrund anderer Verpflichtungen keinen Sport treiben können. Sport hat hier eine ähnliche Funktion wie selbstinduziertes Erbrechen oder der Missbrauch von Abführmitteln und wird häufig im Wechsel mit anderen »gegenregulierenden Verhaltensweisen« eingesetzt. Nicht wenige geben an, erst dann etwas essen zu dürfen, wenn sie sportlich aktiv gewesen sind. Im Weiteren gibt es auch Menschen mit einer Essstörung, bei denen Sporttreiben keine problematischen Züge aufweist. Sie bewegen sich und treiben Sport, weil dieser positive Wirkungen hat: Er kann das Körpergefühl und die Stimmung positiv beeinflussen und dabei helfen, Spannungen abzubauen.

Die Merkmale der oben beschriebenen drei »idealtypischen« klinischen Gruppen überscheiden sich bei Betroffenen häufig bzw. können im Verlauf der Erkrankung mehr oder weniger stark ausgeprägt sein (Meyer et al. 2011; Zeeck und Schlegel 2013).

Als weiterer Aspekt soll erwähnt werden, dass ein sehr niedriges Gewicht und eine ausgeprägte Mangelernährung auch zu einer quälenden, nicht bewusst intendierten Bewegungsunruhe führen können (Ehrlich et al. 2009). Diese bessert sich bei ansteigendem Gewicht. Die Bewegungsunruhe äußert sich in der Regel so, dass die Betroffenen nicht ruhig sitzen bleiben können und ständig umherlaufen müssen.

Charakteristisch ist, dass Menschen mit einer sekundären Sportsucht alleine Sport treiben (Long et al. 1993): Sie gehen beispielsweise

4 Verhaltensspezifika

ins Fitnessstudio oder Joggen, selbst wenn sie früher in Mannschaftssportarten aktiv waren.

Neben einem Sporttreiben im engeren Sinne, kann es aber auch zu einer deutlich gesteigerten Alltagsaktivität kommen. Manchen Betroffenen ist das Ausmaß ihrer körperlichen Aktivität dabei nur teilweise bewusst, sodass in der Diagnostik gezielt danach gefragt werden sollte: Sie gehen lieber zu Fuß als den Bus zu nehmen, laufen immer die Treppen statt den Fahrstuhl zu nutzen (auch bei vielen Stockwerken) oder machen stundenlange Spaziergänge (Bratland-Sanda et al. 2010).

Insgesamt ist die Quantität, also der Umfang der körperlichen Aktivität, nur ein Kriterium für problematisches Sporttreiben bei Menschen mit einer Essstörung. Die meisten Autoren sind sich darin einig, dass die »Qualität« des Sporttreibens entscheidender ist (Mond et al. 2006). Diese bezieht sich auf die Art und Weise, wie Sport getrieben wird (z. B. immer nur alleine und nach einem rigiden Zeitplan), die Motive (es geht z. B. nicht um Spaß, sondern nur um das »Verbrennen von Kalorien«) und zwanghafte Züge (Sport »muss« sein, ein Verzicht geht mit negativer Stimmung und einem verschlechterten Körpererleben einher) (Mond et al. 2006). Kasten 4.1 gibt eine Übersicht über die Charakteristika problematischen Sporttreibens bei Essstörungen, die den allgemeinen Charakteristika für eine Sportsucht weitgehend entsprechen (▶ Kap. 1.2). Ein Aspekt ist für eine sekundäre Sportsucht bei Essstörungen jedoch typisch: Auf den Sport bezogene Ziele und Erwartungen sind häufig auf eine Beeinflussung von Figur und Gewicht eingeengt.

4.3 Esssstörungen und Sportsucht

Kasten 4.1: Charakteristika »ungesunden« Sporttreibens bei Essstörungen (siehe auch Zeeck und Schlegel 2013)

Quantität:

Umfang des Sporttreibens: Er geht über das hinaus, was bezogen auf den körperlichen Zustand (Untergewicht/Mangelernährung/Verletzung) angemessen ist.

Qualität:

- *Art und Weise des Sporttreibens:* alleine, nach rigiden Trainingsplänen, zwanghaft
- *Ziele und Erwartungen:* starke Einengung auf Figur- und Gewichtsregulation
- *Subjektiver Stellenwert:* überwertig
- *Emotionale Aspekte:* Vermeidung von Schuldgefühlen, zur Verhinderung ängstlich-depressiver Stimmung

Wenn man die Quantität, also den Umfang des Sportreibens – zum Beispiel in Minuten pro Woche – in Hinblick darauf beurteilen möchte, ob er problematisch ist oder nicht, müssen folgende Aspekte berücksichtigt werden:

- der körperliche Zustand
- der Trainingszustand

Bei Menschen mit einer Anorexia nervosa und einem sehr niedrigen Body-Mass-Index kann es aufgrund der körperlichen Gefährdung schon als problematisch und risikoreich angesehen werden, wenn die Betroffenen drei Mal pro Woche für eine halbe Stunde joggen gehen. Andererseits kann es bei einer Frau mit einer Bulimia nervosa, welche über viele Jahre Leistungssport (Langstreckenlauf) betrieben hat, angemessen sein, an vier von sieben Tagen jeweils ein 10–15 km umfassendes Lauftraining zu absolvieren.

Mond et al. (Mond et al. 2006) fanden in einer Bevölkerungsstichprobe junger Frauen, dass Sporttreiben mit der Intention, das Gewicht und die Figur zu beeinflussen, ein guter Prädiktor für eine Esspathologie war – nicht aber der Umfang des Sporttreibens. Dies spricht für die Bedeutung, die qualitativen Aspekten des Sporttreibens bei Essstörungen zukommt. In der gleichen Studie konnte auch gezeigt werden, dass vor allem ein bestimmter Aspekt eng mit einer Essstörungspathologie und einer stärkeren Beeinträchtigung der Lebensqualität einherging: Starke Schuldgefühle beim Auslassen von Trainingseinheiten. Man kann annehmen, dass Schuldgefühle beim Auslassen von Trainingseinheiten damit zusammenhängen, dass essgestörte Menschen dann die Sorge haben, nicht ausreichend »Kalorien zu verbrennen« und an Gewicht zuzunehmen.

Fallbeispiel
Frau M., 33 Jahre, wird nach einer sportmedizinischen Untersuchung an eine psychosomatische Ambulanz überwiesen. In der Sportmedizin ließ sie sich regelmäßig untersuchen. Diesmal wurde sie auf ihr Untergewicht angesprochen sowie ihren extrem niedrigen Körperfettanteil. Der Body-Mass-Index betrug 16,5 kg/m^2. Die Periodenblutung war seit vielen Jahren ausgeblieben. Auch einige Laborwerte lagen außerhalb der Norm, es fanden sich veränderte Schilddrüsenwerte und ein auffälliges Blutbild. Frau M. klagte über Schwindel und Kreislaufprobleme sowie eine starke Erschöpfung. In den letzten drei Wochen sei es für sie nicht mehr möglich gewesen, Sport zu treiben. Sie schlafe schlecht, sei reizbar, fühle sich unruhig und getrieben.
  Es zeigt sich in einem ausführlichen Gespräch, dass Frau M. nach dem Auszug aus dem Elternhaus und zu Beginn ihres Studiums – vor 12 Jahren – damit begann, ihre Essensmengen deutlich einzuschränken. Es kam zu einer Gewichtsabnahme bis auf einen Body-Mass-Index unter 14 kg/m^2. Sie habe sich deswegen nie in Behandlung begeben, auch wenn ihr wiederholt dazu geraten wurde. Ihr Ziel sei seither gewesen, immer genau zu kontrollieren, »was in den Körper hinein- und hinausgeht«. Dies gebe ihr ein

Gefühl von Sicherheit und Halt. Seit Beginn der Essstörung erlebe sie es so, dass sie – und nicht mehr andere Menschen – ihr Leben kontrollieren und steuern könne. Über eine kurze Zeit sei es zu Essanfällen gekommen, worunter sie sehr gelitten habe. Sport zu machen habe ihr dann geholfen, das Essen wieder in den Griff zu bekommen. Sie habe nie selbstinduziert erbrochen oder Abführmittel eingenommen. Bis heute führe sie täglich eine detaillierte Tabelle über ihr Sportprogramm und die aufgenommenen Kalorien. Das Sporttreiben erlaube ihr, mehr Kalorien zu sich zu nehmen, wobei sie sehr auf fettarme Kost achte. Muskeln aufzubauen sei in Ordnung, aber eine Zunahme des Körperfettanteils erlebe sie als bedrohlich. Das Sportprogramm habe zuletzt in täglichem Joggen morgens, Radfahren am Nachmittag und einem Besuch des Fitnessstudios zum Krafttraining an jedem zweiten Tag bestanden.

In der Biografie wird deutlich, dass Frau M. aus einer sehr leistungsorientierten Familie stammt, in der sie das einzige Kind war. Sie sagt, dass sie sich nie als eigenständiger Mensch wahrgenommen und geliebt gefühlt habe. Sozial sei sie schon früh sehr isoliert gewesen, sie habe sich nirgendwo zugehörig gefühlt und keine Freundinnen gehabt. Ihr sehr gutes Abitur genügte den Erwartungen der Eltern nicht, da es knapp nicht dazu reichte, einen Medizinstudienplatz zu bekommen. Der für sie wichtigste Mensch sei eine Tante gewesen, die sich sehr um sie gekümmert habe. Diese verstarb kurz nach ihrem Abitur. Frau M. schloss trotz ihrer Ess- und Sportproblematik ihr Studium ab und arbeitet inzwischen seit fünf Jahren in einer Firma im Bereich Personalmanagement. Sie fehle an ihrer Arbeitsstelle selten, möge ihre Tätigkeit und fühle sich von ihrem Vorgesetzten unterstützt. Soziale Kontakte gibt es bis heute so gut wie keine, die Beziehung zu den Eltern sei distanziert.

Im Gespräch wirkt Frau M. sehr bedrückt und resigniert. Es belaste sie, dass sie aufgrund der aktuell schweren Erschöpfung keinen Sport mehr treiben könne, gleichzeitig fühle sie sich sehr unruhig. Die Nahrungsaufnahme muss sie derzeit umso zwanghafter kontrollieren, die Vorstellung an Gewicht zuzunehmen und »Fett anzusetzen«, sei mit Panik verbunden.

Es ist spürbar, dass Frau M. sich eigentlich mehr Kontakte und unterstützende Beziehungen wünscht, aber sehr misstrauisch ist und nicht möchte, dass andere Menschen »ihr in ihr Leben hineinreden«. Zu einer klar indizierten stationären Behandlung kann sie sich auch deshalb nicht entschließen. Sie wolle sich nicht vorgeben lassen, anders zu essen, weniger Sport zu treiben und an Gewicht zuzunehmen.

Es wird mit Frau M. ein zweiter Termin vereinbart, welchen die Patientin aber kurzfristig absagt.

Therapeutische Beurteilung
Es handelt sich um eine Patientin mit restriktiver Anorexia nervosa und zwanghaft-exzessivem Sporttreiben. Sie leidet an einer Körperbildstörung mit einer großen Angst vor Gewichtszunahme trotz Untergewichts. Die Symptomatik wird durch eine zwanghafte Kontrolle der Nahrungsmengen und der körperlichen Aktivität bestimmt. Eine über Jahre andauernde Mangelernährung führte zu einem schweren körperlichen Erschöpfungszustand, in welchem Frau M. nicht mehr Sport treiben kann. Sie reagiert mit einer depressiven Verstimmung, Schlafstörungen und einer psychomotorischen Unruhe. Im Hintergrund sind eine Selbstwert- und Autonomie-Thematik anzunehmen, sowie ein vermeidendes Bindungsmuster. Letzteres bedeutet, dass Frau M. nahe Beziehungen vermeidet aus Angst, zurückgewiesen, entwertet und verletzt zu werden. Über die Jahre ist ihre Erkrankung für Frau M. zu einem Teil ihres Lebens geworden, sie strukturiert den Alltag und gibt ihr ein Gefühl von Sicherheit. Daher ist Frau M. gegenüber einer psychotherapeutischen Behandlung sehr ambivalent. Ärzte/Psychotherapeuten sollten trotzdem den Versuch machen, sie für eine Therapie zu gewinnen und Frau M. aktiv zu weiteren Gesprächen einladen, in denen zunächst ihre Bedenken und Ängste besprochen werden können, aber auch Aspekte, die für eine Veränderung sprechen.

4.3.2 Sportsucht bei Essstörungen: Risikofaktoren und Ätiologie

Menschen, die schon vor Beginn ihrer Essstörung Sport getrieben haben, scheinen ein erhöhtes Risiko aufzuweisen, im Rahmen ihrer Essstörung eine Sportsucht bzw. ein problematisches Sporttreiben zu entwickeln. Als weitere Faktoren kommen eine ausgeprägte Körperunzufriedenheit und Angst, an Gewicht zuzunehmen, sowie zwanghafte und perfektionistische Züge hinzu (Davis et al. 1993).

Das Sporttreiben scheint vor allem folgende Funktionen zu erfüllen:

* Es wird eingesetzt, um »Kalorien zu verbrennen« und Gewicht und Figur zu beeinflussen (Dalle Grave et al. 2008; Hubbard et al. 1998; Mond et al. 2006; Meyer und Taranis 2011)
* Es wird eingesetzt, um Spannungen und negative Affekte zu regulieren (Haedt-Matt und Keel 2015; Thome und Espelage 2004)
* Es dient dazu, ein negatives Körpergefühl zu beeinflussen (Mond et al. 2006; Shroff et al. 2006)

Bislang finden sich nur wenige Studien, die die Zusammenhänge zwischen Körpererleben, negativen Affekten oder einem Schlankheitsdruck mit sportlicher Aktivität in der Alltagssituation und in ihrer zeitlichen Abhängigkeit voneinander untersucht haben. In einer Studie, in der Patientinnen mit einer Essstörung und gesunde Kontrollprobanden verglichen wurden, fanden sich Ergebnisse in der angenommenen Richtung (Reichert et al., 2019). Es zeigte sich, dass sich Patientinnen mit einer Essstörung vor dem Sporttreiben angespannter und unwohler fühlten als Gesunde. Bei ihnen kam es dann im Vergleich zu den gesunden Probanden nach dem Sporttreiben zu einer deutlicheren Reduktion der Anspannung und Verbesserung der Stimmung sowie einem Rückgang von Körperunzufriedenheit und Schlankheitsdruck (Reichert et al. 2019). Diese Ergebnisse bestätigen die Annahme, dass Sport und Bewegung von Menschen mit

4 Verhaltensspezifika

einer Essstörung genutzt werden, um schwierige Affektzustände und ein negatives Körpergefühl zu beeinflussen.

Meyer et al. (2011) führten ein Review durch, in dem sie die bislang vorliegenden Studien zu psychopathologischen Aspekten, die mit problematischem Sporttreiben bei Essstörungen assoziiert sind, zusammenfassten. Sie leiteten daraus ein kognitiv-behaviorales Modell zur Aufrechterhaltung problematischen Sporttreibens bei Essstörungen ab (▶ Abb. 4.2). Das Modell geht davon aus, dass ein pathologischer Perfektionismus und Rigidität Voraussetzungen dafür sind, dass problematisches Sporttreiben zur Beeinflussung von Gewicht und Figur sowie für die Affektregulation genutzt wird. Eine Stimmungsverbesserung verstärkt problematisches Sporttreiben ebenso wie das Auftreten von »Entzugssymptomen« beim Auslassen von Trainingseinheiten (negative Stimmung, Anspannung), welche essgestörte Menschen vermeiden wollen. Zwanghafte Züge und eine Angst vor Gewichtszunahme führen dazu, dass Betroffene Schuldgefühle entwickeln, wenn sie keinen Sport treiben. Meyer et al. betonen in ihrer Arbeit dabei vor allem die zwanghaften Züge des Sporttreibens und sprechen von »compulsive exercise« (zwanghaftem Sporttreiben), nicht von Sportsucht (»exercise dependence«).

Sport und Bewegung haben bei Essstörungen aber auch positive Wirkungen, die in der Literatur und der Diskussion von Behandlungsansätzen bislang noch wenig Berücksichtigung gefunden haben (▶ Kap. 6.1; Cook und Leininger 2017; Zeeck und Schlegel 2013; Stoll und Ziemainz 2012). Es kann davon ausgegangen werden, dass körperliche Aktivität dazu beitragen kann, das Körpererleben zu verbessern, Selbstbewusstsein und Selbstwirksamkeit zu stärken, sowie depressive Verstimmungen und Anspannungszustände positiv zu beeinflussen (Fox 1999; Hausenblas et al. 2008). So zeigte sich in einer Studie, dass ein durch Therapeuten angeleitetes Bewegungsprogramm im Vergleich zu einer kognitiv-behavioralen Gruppentherapie bei Patientinnen mit Bulimia nervosa von der Wirksamkeit her am Ende gleichwertig und in einer Nachuntersuchung sogar überlegen war (Sundgot-Borgen et al. 2002). Allerdings handelte es sich bei

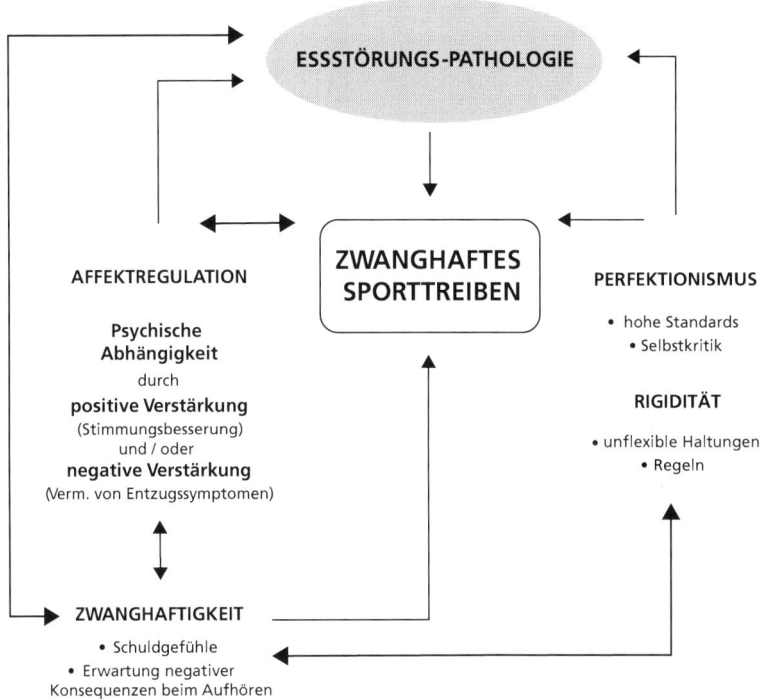

Abb. 4.2: Modell zur Aufrechterhaltung problematischen Sporttreibens bei Essstörungen (nach Meyer et al. 2011, S. 177)

den Patientinnen vermutlich nicht um Menschen, die zuvor in einer zwanghaften oder exzessiven Weise Sport getrieben haben bzw. eine sekundäre Sportsucht hatten.

4.3.3 Häufigkeit

Problematisches Sporttreiben ist bei Essstörungen ein häufiges Phänomen. Die meisten Studien berichten bei ungefähr der Hälfte der Patienten von einem auffälligen Sport- bzw. Bewegungsverhalten

(Levallius et al. 2017; Monell et al. 2018; Shroff et al. 2006). Die Häufigkeit bei Anorexia nervosa und Bulimia nervosa ist vermutlich ähnlich, auch wenn einzelne Studien bei der einen oder der anderen Störung über eine höhere Prävalenz berichten. Diese reichen von 31–88 % bei der Anorexia nervosa (Dalle Grave et al. 2008; Davis et al. 1997; Favaro et al. 2000; Hebebrand et al. 2003) und von 20–66 % bei der Bulimia nervosa (Binford und le Grange 2005; Davis et al.1997; Shroff et al. 2006).

Zu bedenken ist, dass bei den meisten Studien Selbstbeurteilungsinstrumente eingesetzt wurden, bei denen die Teilnehmer selber angeben sollten, wieviel Sport sie treiben und ob ihr Sportverhalten pathologische Züge aufweist. Eine objektive Erfassung der körperlichen Aktivität (zum Beispiel mit einem Accelerometer) kann aber von der subjektiven Einschätzung abweichen – vor allem dann, wenn die Betroffenen ihr Bewegungsverhalten selber nicht als problematisch wahrnehmen (Alberti et al. 2013).

4.3.4 Klinische Bedeutung

Problematisches Sporttreiben bei Essstörungen wird mit einer ausgeprägteren Psychopathologie in Verbindung gebracht, so zum Beispiel mit einem niedrigeren BMI, einem stärkeren Ausmaß an Perfektionismus, einem problematischeren Essverhalten und einem höheren Ausmaß an negativen Affekten wie Depressivität und Ängstlichkeit (Brewerton et al. 1995; Dalle Grave et al. 2008; Peñas-Lledó et al. 2002; Shroff et al. 2006; Vansteelandt et al. 2007).

In zwei Studien, in denen mehrere tausend Patienten mit Essstörungen untersucht wurden, zeigten diejenigen, die zu Therapiebeginn zwanghaft Sport trieben, zwar kein schlechteres Therapieergebnis als solche, die es nicht taten. Aber wenn Patientinnen erst während der Therapie mit problematischem Sporttreiben begannen oder es nicht veränderten, erreichten sie deutlich seltener eine Remission ihrer Essstörung (Levallius et al. 2017; Monell et al. 2018). Es wird daher diskutiert, ob problematisches Sporttreiben dazu beiträgt, eine

Essstörung aufrechtzuerhalten (Meyer et al. 2011). Eine andere Annahme wäre, dass problematisches Sporttreiben ein Korrelat der zugrundeliegenden Psychopathologie ist und eine der Möglichkeiten, die Patienten zur Verfügung haben, um ihr negatives Körpererleben und ihre Affekte zu regulieren (Reichert et al. 2019, Haedt-Matt und Keel 2015, Thome und Espelage 2004).

Die bislang vorliegenden wissenschaftlichen Befunde sprechen dafür, das Sport- und Bewegungsverhalten bei Essstörungen sowohl in der Diagnostik ausführlich zu explorieren als auch in der Therapie zu berücksichtigen (▶ Kap. 6.1.). Umgekehrt sollte auch bei Menschen, bei denen eine Sportsucht diagnostiziert wird, auf eine mögliche Essstörung geachtet werden.

4.4 Muskeldysmorphie und Sportsucht

Almut Zeeck

Mit dem Begriff Muskeldysmorphie wird ein Krankheitsbild bezeichnet, das ähnlich wie die Sportsucht mit einem übermäßigen körperlichen Training einhergeht. Es finden sich Überschneidungen und Ähnlichkeiten, aber auch Unterschiede zwischen beiden Störungsbildern. Ob die Muskeldysmorphie, bei der ein pathologisches Streben nach mehr Muskularität im Vordergrund steht, als ein eigenes Krankheitsbild angesehen werden kann und welcher Gruppe an psychischen Erkrankungen sie zuzuordnen wäre, wird kontrovers diskutiert. Ähnlich wie bei der Sportsucht liegen noch zu wenig empirische Studien vor, um diese Fragen zu beantworten. Unter anderem vor dem Hintergrund der zunehmenden Rolle, die ein muskulöser Körper für die Attraktivität und Selbstdefinition von Männern (und zunehmend auch Frauen) spielt (▶ Kap. 5.3), kann aber davon ausgegangen werden, dass die Muskeldysmorphie an Bedeutung gewinnt. Im folgenden Kapitel wird ein Überblick über Symptomatik, mögliche Risikofaktoren und bisherige

Studien zur Häufigkeit gegeben. Abschließend werden Gemeinsamkeiten und Unterschiede zwischen Muskeldysmorphie und Sportsucht herausgearbeitet.

4.4.1 Muskeldysmorphie: Symptomatik und diagnostische Kriterien

Die Muskeldysmophie ist dadurch charakertisiert, dass die Betroffenen sich exzessiv mit dem Wunsch nach einem muskulösen Körper beschäftigen, der gleichzeitig schlank sein soll. Sie weisen eine Körperbildstörung auf, das heißt sie nehmen sich selber als zu schmächtig und schwach wahr, obwohl sie deutlich muskulöser sind als die meisten anderen Menschen (Pope et al. 1997). Um das angestrebte Körperideal zu erreichen, beschäftigen sich die Betroffenen in exzessiver Weise mit Krafttraining und einer Ernährung, die den Muskelaufbau fördern soll, aber nicht »dick« macht (Choi et al. 2002).

Da eine veränderte Körperwahrnehmung in »umgekehrter« Form das zentrale Merkmal der Magersucht oder Anorexia nervosa ist (die Betroffenen nehmen sich als zu dick wahr, obwohl sie untergewichtig sind), wurde die Muskeldysmorphie zunächst auch als »reverse Anorexia nervosa« bezeichnet (Pope et al. 1993) und diskutiert, ob sie eine männliche Variante der Magersucht darstellt. Diese Diskussion ist bis heute nicht abgeschlossen (siehe unten).

Neben einer Körperschemastörung ist exzessives Sporttreiben das hervorstechendste Merkmal einer Muskeldysmorphie. Um einen muskulösen Körper zu erreichen und aufgrund der Angst, zu schmächtig zu sein, betreiben die Betroffenen vor allem ein intensives Krafttraining. Dies kann so weit gehen, dass es zu einer deutlichen Einschränkung anderer Aktivitäten kommt: Zum Beispiel zu einem sozialen Rückzug und der Vernachlässigung von Familie und Beruf (Olivardia et al. 2000). Die Ernährung wird darauf ausgerichtet, den Muskelaufbau zu fördern und die Bildung von Fettgewebe zu verhindern. Häufig kommt es zum Missbrauch von Nahrungsergänzungsmitteln und nicht selten auch zu einer Einnahme von Steroiden (Olivardia et al. 2000).

4.4 Muskeldysmorphie und Sportsucht

Das Diätverhalten und das exzessive Krafttraining werden trotz Wissens um negative psychische und physische Konsequenzen fortgesetzt. Die Fortsetzung eines problematischen Verhaltens trotz negativer Folgen ist etwas, was sich charakteristischer Weise bei Suchterkrankungen findet und bei diesen ein wichtiges diagnostisches Merkmal darstellt (Mann 2014).

Eine klinisch relevante Beeinträchtigung entsteht nicht nur durch die Verhaltensproblematik – also das exzessive Sporttreiben und Diätverhalten – sondern auch durch die ständige gedankliche Beschäftigung mit Figur und Muskularität sowie ein ausgeprägtes Schamgefühl (Murray et al. 2012a). Die Betroffenen vermeiden es, ihren Körper zu zeigen bis hin zu dem Extrem, dass sie Angst haben, ihre Wohnung zu verlassen, um von anderen nicht gesehen zu werden. Sie tun sich auch schwer, sich auf sexuelle Beziehungen einzulassen, weil sie sich und ihren Körper als nicht liebenswert erleben (Olivardia et al. 2000).

4.4.2 Der Drang nach Muskularität – ein männliches Problem? Risikofaktoren und Ätiologie

Die meisten Studien wurden an männlichen Stichproben durchgeführt, da man die Muskeldysmorphie zunächst als ein Problem des männlichen Geschlechts ansah (Mitchell et al. 2017). Es finden sich jedoch auch Hinweise darauf, dass die Problematik bei Frauen häufiger sein könnte als bislang angenommen (Zeeck et al. 2018).

Eine Risikogruppe, zu der auch die meisten Studien durchgeführt wurden, sind Gewichtheber und Bodybuilder. Es ist jedoch unklar, ob Bodybuilding das Risiko für eine Muskeldysmorphie erhöht oder sich Menschen mit einer Muskeldysmorphie diese Sportart aussuchen, um ihren Körper ihren Idealvorstellungen anzunähern (Mitchell et al. 2017).

Es wird angenommen, dass das Körperideal eines schlanken und sehr muskulösen Körpers, welches bei Männern in den letzten Jahrzehnten verstärkt über die Medien propagiert wurde, für die Ätiologie der Muskelsdysmorphie relevant ist (Karazsia und Crowther

2009). Anfällig für die Internalisierung eines gesellschaftlich vermittelten Ideals scheinen vor allem Menschen zu sein, die ein niedriges Selbstwertgefühl haben und mit ihrem Körper unzufrieden sind. Sie hoffen über eine konkrete Veränderung ihres Äußeren und ihres Körpers sicherer zu werden und sich besser akzeptieren zu können. Aber nicht jeder, der versucht muskulöser zu werden, entwickelt eine Muskeldysmorphie. Vermutlich bewegen sich einige Menschen, die intensives Krafttraining betreiben, in einer Grauzone zwischen Normalität und beginnender Pathologie.

In einer Meta-Analyse, in welche 31 Studien eingingen, zeigte sich, dass Symptome einer Muskeldysmorphie mit mehr Ängstlichkeit, Depressivität und einem geringen Selbstwert einhergehen (Mitchell et al. 2017). Die betroffenen Menschen zeigten auch höhere Werte für Perfektionismus und eine geringere Affekttoleranz (Mitchell et al. 2017; Murray et al. 2013a). Daraus lassen sich Hinweise ableiten, dass ein geringerer Selbstwert, Schwierigkeiten in der Regulation von Affekten und perfektionistische Züge Risikofaktoren für die Entwicklung einer Muskeldysmorphie darstellen könnten. Da bislang keine longitudinalen Studien vorliegen, ist dies jedoch bislang nicht sicher empirisch belegt.

Aufgrund der im Vordergrund stehenden Körperbildstörung wurde die Muskeldysmorphie in der aktuellen Version des DSM (DSM-5) – dem amerikanischen Klassifikationssystem für psychische Erkrankungen – den Körperdysmorphen Störungen zugeordnet. Diese Einordnung wird aufgrund einer noch unzureichenden Studienlage jedoch als verfrüht kritisiert (dos Santos Filho et al. 2016). Die Debatte um eine nosologische Einordnung[1] ist bis heute nicht abgeschlossen (Nieuwoudt et al. 2012). Es wird diskutiert, ob man die Muskeldysmorphie nicht den körperdysmorphen Störungen, sondern eher den Essstörungen, den Zwangsstörungen oder den Verhaltenssüchten zuordnen sollte (Nieuwoudt et al. 2012). Für jeden dieser Vorschläge

---

1 Nosologie = Lehre von der medizinischen Einteilung/Klassifikation von Krankheiten

lassen sich Argumente finden (Foster et al. 2015; Murray et al. 2012b; Parent 2013).

Die von Harrison Pope und Mitarbeitern vorgeschlagenen Kriterien werden – unabhängig von der Frage der Zuordnung der Muskeldysmophie zu einer übergeordneten Störungsgruppe – jedoch bis heute als gültig erachtet (Pope et al. 1997). Tabelle 4.2 gibt eine Übersicht über die aktuellen Kriterien des DSM-5 (Körperdysmorphe Störung mit Muskeldysmorphie) sowie die 1997 von Pope et al. vorgeschlagenen Merkmale (▶ Tab. 4.2). Nach DSM-5 soll auch beurteilt werden, ob eine Person eine gute oder angemessene Einsicht in die Erkrankung hat oder ob sie wenig bis keine Einsicht hat – bis hin zu dem Extrem einer wahnhaften Überzeugung.

Tab. 4.2: Diagnostische Kriterien der Muskeldysmorphie nach DSM-5 und Pope

Körperdysmorphe Störung »mit Muskeldysmorphie« im DSM-5 (APA 2013)	Merkmale einer Muskeldysmorphie nach Pope (Pope et al. 1997)
A. Übermäßige Beschäftigung mit einem oder mehreren Mängeln oder Defekten im äußeren Erscheinungsbild, die für andere nicht erkennbar sind oder geringfügig erscheinen.	1. Übermäßige Beschäftigung mit der Überzeugung, dass der eigene Körper nicht schlank und muskulös genug ist. Charakteristische assoziierte Verhaltensweisen sind ein zeitaufwändiges Krafttraining und eine exzessive Beschäftigung mit der Ernährung.
B. Im Verlauf der Störung hat die Person in Reaktion auf die Befürchtungen bezüglich des Aussehens sich wiederholende Verhaltensweisen oder mentale Handlungen (z. B. Vergleich des Aussehens mit dem von anderen) ausgeführt.	

Tab. 4.2: Diagnostische Kriterien der Muskeldysmorphie nach DSM-5 und Pope – Fortsetzung

Körperdysmorphe Störung »mit Muskeldysmorphie« im DSM-5 (APA 2013)	Merkmale einer Muskeldysmorphie nach Pope (Pope et al. 1997)
C. Die übermäßige Beschäftigung verursacht in klinisch bedeutsamer Weise Leiden oder Beeinträchtigungen in sozialen, beruflichen oder anderen wichtigen Funktionsbereichen.	2. Die übermäßige Beschäftigung verursacht in klinisch bedeutsamer Weise Leiden und Beeinträchtigung in sozialen, beruflichen oder anderen wichtigen Funktionsbereichen, die sich über mindestens 2 der folgenden 4 Kriterien manifestieren: 2a) Die Person schlägt regelmäßig wichtige soziale, berufliche oder Freizeitaktivitäten aus aufgrund des zwanghaften Bedürfnisses, die eigenen Trainings- und Ernährungspläne einzuhalten; 2b) Die Person vermeidet Situationen, in denen sein oder ihr Körper vor anderen entblößt wird, oder erträgt solche Situationen nur mit deutlichem Unbehagen oder intensiver Angst; 2c) die übermäßige Beschäftigung mit dem unzulänglichen Körperbau oder der Muskulosität verursacht klinisch relevantes Leid oder Beeinträchtigung in sozialen, beruflichen oder anderen wichtigen Funktionsbereichen; 2d) Die Person führt das Training, die Diät oder den Gebrauch leistungssteigernder Substanzen fort, trotz des Wissens um nachteilige Folgen für die eigene physische oder psychische Gesundheit.
D. Die übermäßige Beschäftigung mit dem äußeren Erscheinungsbild kann nicht besser durch Befürchtungen in Bezug auf Körperfett oder -gewicht erklärt werden, wie sie bei Personen auftreten, deren Symptomatik die diagnostischen Kriterien für eine Essstörung erfüllt.	3. Der primäre Fokus der Sorgen und Verhaltensweisen liegt auf der Wahrnehmung, zu schmächtig oder unzureichend muskulös zu sein, in Abgrenzung zu den bei Anorexia nervosa auftretenden Sorgen, zu dick zu sein, und in Abgrenzung zu mit Körperdysmorphen Störungen aussoziierten Sorgen bezüglich anderer Aspekte des Aussehens.

Tab. 4.2: Diagnostische Kriterien der Muskeldysmorphie nach DSM-5 und Pope – Fortsetzung

Körperdysmorphe Störung »mit Muskeldysmorphie« im DSM-5 (APA 2013)	Merkmale einer Muskeldysmorphie nach Pope (Pope et al. 1997)
Mit Muskeldysmorphie: Die Person ist übermäßig beschäftigt mit der Vorstellung, dass ihr Körper zu klein oder nicht ausreichend muskulös gebaut ist. Diese Zusatzcodierung kann auch genutzt werden, wenn die Person sich übermäßig mit anderen Körperbereichen beschäftigt, was häufig der Fall ist.	

Bei den Kriterien von Pope et al. (1997) sind problematische Verhaltensweisen, die für die Muskeldysmorphie spezifisch sind, im Gegensatz zum DSM-5 explizit genannt – so ein zeitaufwendiges Krafttraining und eine exzessive Beschäftigung mit der Ernährung. Auch die Art und Weise, wie eine Muskeldysmorphie zu Beeinträchtigungen in wichtigen Funktions- und Lebensbereichen führen kann, nämlich durch rigide Trainings- und Ernährungspläne, einen sozialen Rückzug aufgrund von Schamgefühlen, eine ständige Beschäftigung mit einem unzulänglichen Körper und eine Fortsetzung der problematischen Verhaltensweisen trotz negativer Folgen, werden genauer beschrieben. Ob diese Kriterien längerfristig und nach Vorliegen einer größeren Anzahl von Studien Bestand haben und in die Klassifikationssysteme DSM und ICD aufgenommen werden, bleibt abzuwarten. Der aktuelle Vorschlag zur ICD-11 (WHO 2019) sieht vor, die Muskeldysmorphie den »nicht näher bezeichneten« körperdysmorphen Störungen zuzuordnen und folgt damit dem Vorgehen des DSM-5.

4.4.3 Häufigkeit

Es liegen bislang kaum epidemiologische Studien vor, aus denen sich die Häufigkeit der Muskeldysmorphie in der Allgemeinbevölkerung ableiten ließe. Studien, die Risikogruppen untersuchten, fanden hohe Prävalenzraten unter Bodybuildern und Gewichthebern. Die Prävalenzraten werden für diese Risikogruppen zum Teil mit über 50 % angegeben (Hitzeroth et al. 2001), wobei die Generalisierbarkeit dieser Befunde fraglich ist. Realistischer erscheinen Schätzungen, die von einer Prävalenz in Risikogruppen von um die 10 % ausgehen (Cunningham et al. 2017). Bei zwei Online-Umfragen mit Teilnehmern, die Interessengruppen um die Themen Fitness und Krafttraining angehörten, erreichte ein Viertel (ca. 25 %) der männlichen Teilnehmer auf einem Screening-Fragebogen einen »cut-off-Score«, der auf eine mögliche Muskeldysmorphie hinweist (Longobardi et al. 2017; Zeeck et al. 2018). Die Studien wurden mit dem Muscle Dysmorphic Disorder Inventory (MDDI) durchgeführt, für den neben der englischen Originalversion (Hildebrandt et al. 2004) eine validierte italienische und deutsche Fassung vorliegen (Santarnecchi und Dèttore 2012; Zeeck et al. 2018). Eine der Studien schloss auch weibliche Teilnehmerinnen ein, bei denen 16 % einen auffälligen Wert aufwiesen (Zeeck et al. 2018). Es ist aber davon auszugehen, dass von den Teilnehmern mit einem auffälligen Score nur eine sehr kleine Gruppe in einem klinischen Interview die Kriterien für eine Muskeldysmophie erfüllen würde. Insgesamt ist die Muskeldysmorphie vermutlich ein Krankheitsbild, das nur in bestimmten Risikogruppen häufiger vorkommt. Es scheint aber viele Menschen zu geben, die sich intensiv mit ihrem Körper beschäftigen, diesen als veränderungswürdig erleben und die vor diesem Hintergrund Krafttraining betreiben. Für genauere Angaben zur Häufigkeit des Muskeldysmorphie bedarf es weiterer Studien, die ihre Häufigkeit bei Männern und Frauen sowie in verschiedenen Stichproben (Allgemeinbevölkerung, Risikogruppen) untersuchen. Eine Voraussetzung dafür sind neben den schon vorliegenden validierten Fragebögen (▶ Kap. 6.1) vor allem validierte Interviewinstrumente, die sich an allgemein anerkannten diagnostischen Kriterien orientieren.

4.4.4 Muskeldysmorphie und Sportsucht

Sportsucht und Muskeldysmorphie überschneiden sich in ihrem Symptombild, unterscheiden sich aber auch (▶ Abb. 4.3). Der wichtigste Unterschied besteht darin, dass bei der Muskeldysmorphie aus Angst vor einem unerträglich schmächtigen Körper trainiert wird, den man aus Scham nicht zeigen möchte (Pope et al. 1993). Gedanklich steht die Beschäftigung mit dem eigenen Körper und seiner scheinbaren Schmächtigkeit im Vordergrund (Olivardia et al. 2000). Der Sport ist ein Mittel, um den Körper zu verändern. Bei der Sportsucht geht es hingegen nicht im gleichen Maße um eine verzerrte Wahrnehmung des eignen Körpers. Für Menschen mit einer Sportsucht ist es unvorstellbar, keinen Sport mehr zu betreiben, weil das Sporttreiben für ihr Selbstverständnis unabdingbar ist – sie definieren sich über den Sport (Kleinert 2014; Morgan 1979).

Parallelen zwischen beiden Störungen finden sich in einem exzessiven Trainingsverhalten, was zu einer Vernachlässigung anderer Lebensbereiche führt sowie zur Missachtung negativer Auswirkungen des Trainings (Hausenblas und Symons Downs 2002a; Pope et al. 1997). In einer Studie wiesen Menschen, die erhöhte Werte auf einem Screeningbogen für die Muskeldysmorphie, dem MDDI, zeigten, auch ein erhöhtes Risiko für eine Sportsucht auf – sie neigten dazu, ihr Training trotz Verletzung fortzusetzen und gaben an, einen Kontrollverlust beim Sporttreiben zu erleben (sie trainierten oft länger als sie beabsichtigen) (Welter 2019). Während das Training bei der Muskeldysmorphie aber vor allem in Krafttraining besteht, betreiben Menschen mit einer Sportsucht am häufigsten Ausdauersportarten wie Laufen. Auch ein auffälliges Ernährungsverhalten ist zwar eine Gemeinsamkeit, kann sich aber in der Zielsetzung unterscheiden: Während die Art der Ernährung – z. B. proteinreiche Kost – bei der Muskeldysmorphie dazu beitragen soll, den Muskelaufbau zu fördern (Cunningham et al. 2017), geht es bei der Sportsucht mehr darum, ein Gefühl der Kontrolle zu behalten oder die sportliche Leistung zu optimieren (▶ Kap. 2).

4 Verhaltensspezifika

Sowohl bei der Muskeldysmorphie, als auch bei der Sportsucht wurden als zugrundeliegende und vermutlich ätiologisch relevante Problembereiche ein niedriges Selbstwertgefühl, perfektionistische Züge sowie Schwierigkeiten in der Affekttoleranz und -regulation beschrieben (Grieve 2007; Lichtenstein et al. 2017b; Meyer et al. 2011; Murray et al. 2013a; Olivardia 2001). Allerdings sind dies allgemeine und wenig spezifische Faktoren, die sich auch bei anderen psychischen Erkrankungen, wie z. B. Essstörungen, finden.

Zusammenfassend kann man sagen, dass sich Sportsucht und Muskeldysmorphie vor allem hinsichtlich des exzessiven, problematischen Sporttreibens ähnlich sind. Vermutlich erfüllt ein Teil der Menschen, bei denen man eine Sportsucht diagnostizieren kann, auch die Kriterien für eine Muskeldysmorphie. Aber auch hier ist es so, dass es keine Studien gibt, aus denen sich ableiten ließe, wie groß diese Gruppe ist.

Abb. 4.3: Gemeinsamkeiten und Unterschiede zwischen Muskeldysmorphie und Sportsucht

4.5 Self-Tracking und Sportsucht

Jens Kleinert, Hanna Raven und Anna Wasserkampf

Auf den ersten Blick scheinen Self-Tracking und Sportsucht keine verwandten Konzepte zu sein, auf den zweiten Blick jedoch ergeben sich zumindest teilweise Verwandtschaften. Beide beinhalten Tendenzen des Sich-Kontrollierens und der Zwanghaftigkeit. Während Kontrollbedürfnis und Zwang im Rahmen der Sportsucht häufig auftreten (wenn nicht sogar bestimmend sind, ▸ Kap. 2), ist es beim Self-Tracking bislang unklar, wann das »Selbstvermessen« gesundheitlich stimmig ist und wann es krankhafte Züge annimmt. Daher besitzt das folgende Kapitel das Ziel, das Phänomen Self-Tracking zu beschreiben und aufbauend hierauf zu diskutieren, inwiefern oder wann die Motivation zum Self-Tracking mit der Motivationslage Sportsüchtiger in Verbindung steht.

4.5.1 Zum Phänomen des Self-Tracking

Unter dem Begriff »Self-Tracking« werden Verhaltensweisen zusammengefasst, durch die individuelle Daten auf regelmäßige, systematische Art und Weise gesammelt, dokumentiert oder überwacht werden. Diese Daten betreffen die individuellen physiologischen Prozesse (z. B. Herzfrequenz, Blutdruck), das eigene Verhalten (z. B. Schlafverhalten, Bewegungsverhalten), psychische Prozesse (z. B. Stimmungslage, Zufriedenheit) oder auch situative Variablen (z. B. Uhrzeit, Wetter) (Swan 2009). Die Datenerfassung und -verarbeitung wird überwiegend durch technische Hilfsmittel ermöglicht, zum Beispiel Fitness-Apps, Wearables oder Smart-Watches.

Der Anwendungsbereich von Self-Tracking ist weit gefächert. Grundsätzlich kann der Einsatz im Gesundheitswesen und im Freizeitbereich unterschieden werden. Im gesundheitsorientierten oder medizinischen Bereich benutzt nach einer repräsentativen

4 Verhaltensspezifika

Umfrage an 1000 Personen über 18 Jahre fast jede/r fünfte Tracking-Apps (IKK classics 2014). Medizinische Tracking-Apps dienen insbesondere der patientengestützten Gesundheitsversorgung. Das heißt, gesundheitsrelevante Daten (z. B. Blutdruck, Blutzucker) dienen dem Patienten und/oder Therapeuten dazu, die Therapie oder Rehabilitation optimal einzustellen oder zu überwachen (Swan 2009). Neben dieser Betrachtung der Behandlungseffizienz werden Tracking-Systeme auch zur Sicherheit von Patienten (z. B. Sturzprophylaxe) und zur Früherkennung von Krankheiten eingesetzt (Patel et al. 2012).

Zum Self-Tracking im Gesundheitsbereich lässt sich inzwischen eine recht gute Forschungslage finden, die eng mit der Forschung und Anwendung im Bereich e-Health verknüpft ist. Während in den Anfängen der e-Health-Bewegung lediglich das Internet (bzw. der Personal Computer) als elektronische Hilfe genutzt wurde (vgl. Übersichtsarbeit von Norman et al. 2007; Davies et al. 2012), finden sich in den neueren Studien überwiegend Applikationen für Smartphones, häufig zur Förderung des Sport- und Bewegungsverhaltens (Antypas und Wangberg 2014; Appelboom et al. 2015). Die positiven Effekte von e-Health-Interventionen in Hinsicht auf Gesundheitsverhalten und verschiedene medizinische bzw. gesundheitsrelevante Parameter sind teilweise belegbar, zumeist aber mit geringen Effektstärken (s. Übersichtsarbeiten von Davies et al. 2012; Norman et al. 2007; Shull et al. 2014).

Berücksichtigt man nur die Technik der Smartphone-Applikationen und den Parameter der körperlichen Aktivität, so konnten Monroe et al. (2015) in einer Übersichtsarbeit bei der Hälfte von 52 Studien eine Erhöhung der Bewegungsaktivität finden. Zudem zeigte das Medium Smartphone in den untersuchten Studien eine meist hohe Akzeptanz bei den Nutzern.

Gegenüber dieser sehr guten Forschungslage zum e-Health und zum Tracking im Gesundheitswesen ist das Tracking im Freizeitbereich verhältnismäßig wenig untersucht. Dies ist umso erstaunlicher, da Tracking-Apps bzw. Tracking-Tools in den letzten Jahren starke Verbreitung gefunden haben: Auf der Homepage der Tracking-

Community werden über 500 Self-Tracking-Tools gelistet (http://quantifiedself.com; Stand Anfang 2019).

Im Freizeitbereich ist Self-Tracking weniger mit bestimmten Erkrankungen oder therapeutischen Maßnahmen verbunden. Daher geht es auch weniger um eine Unterstützung einer therapeutischen Maßnahme, sondern mehr um die Selbstkontrolle des eigenen Gesundheits- und Freizeitverhaltens (z. B. Sportaktivität, Schlafverhalten, Ernährung). Befragungen von Krankenkassen zeigen, dass 12 % der Menschen über 18 entsprechende Fitness- bzw. Freizeit-Apps zur Erfassung von Bewegung, Sport, Ernährung oder Schlaf nutzen (IKK classics 2014). Hierunter fallen auch solche Nutzer, deren Beweggründe trainings- und leistungsbezogen sind: In diesen Fällen dient das Self-Tracking der Optimierung von Trainings- und Anpassungsprozessen.

Hinsichtlich der getrackten Parameter spielt die körperliche Aktivität die größte Rolle, gefolgt von physiologischen Merkmalen, Ernährung und Befindlichkeit (Nißen 2013). Genauer betrachtet tracken nach Nißen (2013) zwei Drittel der Self-Tracking-Nutzer ihr Gewicht, während andere physiologische Merkmale (Herzfrequenz, Blutdruck) seltener verfolgt werden. Die Hälfte der Befragten tracken Trainingsaktivitäten, ein Drittel tracken Ernährungsaspekte, zwei von fünf tracken Schlafmerkmale. Gesundheitsschädliches Verhalten (Alkohol, Zigaretten) wird von 5–8 % erfasst.

Auch wenn die positiven Resultate von Self-Tracking im Gesundheitsbereich für den Freizeitbereich noch nicht bestätigt werden können, ist grundsätzlich von ähnlichen Ergebnissen auszugehen. Allerdings werden die Effekte von Self-Tracking sowohl im Gesundheits- als auch Freizeitbereich fast ausschließlich kurzfristig betrachtet. Ob auch langfristig Verhalten positiv beeinflusst wird, bleibt dagegen fraglich. So wird vielfach angenommen, dass Self-Tracking unzureichend (d. h. mehr extrinsisch als intrinsisch) motiviert, ein Verhalten zu ändern (Segar 2017), und dass durch Tracking das Vergnügen und die Freude am Sport sogar verringert werden (Etkin 2016). Wenig nachhaltig scheint auch die Anwendung der Tracking-Tools selbst zu sein: In einer Studie mit 800 Teilnehmern nutzten nach einem halben Jahr nur noch die Hälfte der Probanden und nach einem

Jahr nur noch jede/r zehnte das Tracking-Tool (Finkelstein et al. 2016). Daher stellt sich die Frage, was Menschen zum Self-Tracking motiviert.

4.5.2 Motivation zum Self-Tracking

Entgegen der vielen Untersuchungen und Literaturquellen, die sich mit *Effekten* von Self-Tracking im Gesundheitswesen oder im Freizeitbereich beschäftigen, gibt es kaum Forschung zu *motivationalen Hintergründen* von Self-Tracking. Grundsätzlich wird angenommen, dass die Optimierung des Lebensstils ein vordergründiges Motiv ist (Swan 2012). Zugleich werden Self-Trackern bestimmte Persönlichkeitseigenschaften zugeschrieben, zum Beispiel Narzissmus und Selbstzentriertheit (Sharon 2017).

Tatsächlich sind selbstzentrierte Zielorientierungen, nämlich die Kontrolle über sich, das eigene Verhalten, das eigene Leben und den eigenen Körper vorherrschende Beweggründe für Self-Tracking (Nißen 2013). Auch das Motiv Selbstdisziplin (z. B. Ziele erreichen, seine Selbstdisziplin stärken) ist mit dieser selbstorientierten Motivationstendenz vereinbar. Weniger bedeutsam scheint der Wunsch nach Unterhaltung, die mit dem Medium oder der App einhergeht (Spaß, spielerischer Umgang, die Zeit vergessen beim Arbeiten mit der App; vgl. Nißen 2013).

Interessant ist, dass intrinsische Motivation (also die Freude am Tun, Deci und Ryan 2000) sich nicht auf das Zielverhalten selbst bezieht (also z. B. auf Ernährung, Bewegung oder Schlaf), sondern auf den Umgang mit der App. Das heißt, Freude entsteht zwar in Hinsicht auf den Umgang mit Technik, jedoch nicht in Hinsicht auf das angezielte Verhalten (z. B. Bewegung oder Ernährung); stattdessen weisen Studien sogar auf das Gegenteil hin, nämlich die Verringerung intrinsischer Motivation für das Zielverhalten (Etkin 2016). Hiermit konsistent sind auch Ergebnisse, die zeigen, dass Tracker eher dann intrinsisch motiviert Sport treiben, die vor dem Beginn des Tracking bereits aktiv waren (Shin et al. 2015).

Zusammengefasst scheint somit beim Self-Tracking des eigenen Freizeitverhaltens der Wunsch nach Überwachung und Kontrolle des eigenen Selbst stärker zu sein als der Wunsch, etwas über sich und sein Verhalten zu lernen und hiermit Gesundheit oder auch Leistung zu stärken (Sharon 2017). Eine solche motivationale Orientierung ist im Sinne der Selbstbestimmungstheorie (Deci und Ryan 2000) eher als sozial kontrolliert und weniger als autonom zu bezeichnen, da der kontrollierende Maßstab zumeist sozialen Normen und Regeln folgt (z. B. gut aussehen, schlank und aktiv sein). Eine solche sozial kontrollierte Motivationslage hängt konzeptionell und empirisch mit zwanghaftem Verhalten zusammen (▶ Kap. 5.2). Allerdings konnte Raven et al. (2017) in einer Pilotstudie zeigen, dass zwanghaftes Self-Tracking mit krankhaften Zügen die Ausnahme darstellt: Weniger als 8 % der Befragten lagen im kritischen Bereich (d. h. oberes Drittel des möglichen Wertespektrums) in der Skala zur online-Sucht (Wölfling et al. 2010), die auf Trackingverhalten adaptiert wurde. Trotzdem scheint die Vermutung naheliegend, dass zwanghaftes Self-Tracking (wenn auch nicht häufig) mit zwanghaftem oder suchartigem Sport- und Bewegungsverhalten korrespondiert, was im folgenden Abschnitt betrachtet werden soll.

4.5.3 Self-Tracking und Sportsucht

Lediglich drei Studien geben Hinweise auf den Zusammenhang von Self-Tracking und Sportsucht. In der ersten Studie wurden Nutzer von Tracking-Apps mit Nichtnutzern in Hinsicht auf das Merkmal Sportsucht verglichen. Nutzer weisen höhere Werte in einzelnen Sportsuchtdimensionen (Compulsive exercise scale, Taranis et al. 2011a) auf als Nichtnutzer (Plateau et al. 2018). Eine zweite Studie konnte zeigen, dass die Nutzungshäufigkeit von Mobile Apps gering positiv ($\beta = .31$), jedoch signifikant mit zwanghaftem Sportverhalten zusammenhängt. Allerdings ergaben sich keine Zusammenhänge zur Nutzung von traditionellen Online-Blogs oder sogenannten »Mikro-Blogs« (Hefner et al. 2016). Schließlich konnte in einer Querschnittstudie an 201 Self-Trackern gezeigt werden, dass 17 % der Befragten ein Motivationsprofil aufweisen, welches neben autonomen auch zwanghafte Züge trägt (Wasserkampf et al. 2017). Interessanterweise fällt in dieser Gruppe auf, dass soziale Anerkennung und normorientierte Ziele für das Sporttreiben bedeutsamer sind als bei den Self-Trackern mit stärker selbstbestimmten Beweggründen für Sport. Demnach scheint eine starke Orientierung an sozialen Normen und Vorgaben mit Tracking zusammenzuhängen.

4.5.4 Fazit

Es gibt weder verlässliche Hinweise darauf, dass Self-Tracking süchtig macht, noch Hinweise darauf, dass Tracking zur Sportsucht führt. Allerdings scheinen beide Phänomene bei bestimmten Menschen ähnliche psychologische Merkmale aufzuweisen, nämlich die Zielorientierungen des Sich-Kontrollierens vor dem Hintergrund wahrgenommener, rigider sozialer Normen und Werte (z. B. Fitnessideale). Derartige Zielorientierungen sind zwar nicht hinreichend für Suchtverhalten, begünstigen aber vermutlich deren Ausprägung, weswegen Self-Tracking zumindest als begünstigender Faktor bei der Entwicklung von Sportsucht bezeichnet werden kann. Für diese mögliche Mitwirkung des Self-Tracking im Rahmen der Suchtentstehung spricht auch der signifikante Zusammenhang zwischen Essstörung und Self-Tracking, der in Blogs gefunden wird (McCaig et al. 2018).

In diesem Sinne sind Self-Tracking-Tools sicher per se nicht problematisch, stellen jedoch eine von vielen Erscheinungsformen einer problematischen medialen Welt dar, durch die (fragwürdige) Normen und Werte transportiert werden, zum Beispiel in Bezug auf Körperideale und hiermit verbundenen Verhaltensweisen (Hayes und Tantleff-Dunn 2010). Für die Summe dieser Einflüsse auf gesundheits- und fitnessorientierte, soziale Erwartungen und Motive wurde der Begriff »Fitspiration« geprägt (also z. B. Bilder, Blogs oder Posts in den sozialen Medien; Boepple und Thompson 2016). Demnach kann

Fitspiration als entscheidender gesellschaftlicher Moderator der Entwicklung von Sportsucht betrachtet werden.

In Hinsicht auf den Umgang mit Tracking-Tools oder zukünftige Entwicklungen geht es daher weniger darum, entsprechende Apps zu vermeiden. Vielmehr besteht die Herausforderung darin, die Tools oder den Umgang mit ihnen so zu gestalten, dass Selbstbestimmung, Entscheidungsfreiheit und persönliche Passung bzw. Authentizität durch das Tool nicht eingeschränkt, sondern gefördert werden (Sharon 2017) und das Ziel, intrinsisch motiviert Sport zu treiben, unterstützt wird.

4.6 Sportsucht im Fitness- und Kraftsport

Heiko Ziemainz

Beispiel: Sigi (29) geht sechsmal die Woche ins Fitnessstudio und nimmt dort an den unterschiedlichsten Kursen teil. Montag CrossFit, Dienstag und Mittwoch macht er selbstständig Krafttraining mit Gewichten etc. So kommt er auf einen Gesamtumfang von 14 Stunden Training die Woche. Er dokumentiert ganz akribisch seine Trainingseinheiten, nimmt aber nicht an Wettkämpfen teil und macht im Jahr auch keine Trainingspause. Ein Blick in seine Aufzeichnungen macht deutlich, dass er seine Trainingsdosis (den Trainingsumfang) über die letzten Jahre deutlich erhöht hat. Haben wir es hier schon mit einer Sportsucht zu tun? Ist vielleicht Kraftsport ein Prädiktor für die Entwicklung einer Sportsucht? Was verstehen wir unter Kraftsport überhaupt?

Nähern wir uns diesem Sachverhalt vor dem Hintergrund der bisher existierenden wissenschaftlichen Befundlage, so bietet sich zunächst die Frage an, was unter dem Sammelbegriff Kraftsport verstanden wird und für welche Sportarten wissenschaftliche Befunde bezüglich Sportsucht vorliegen.

4.6.1 Begriffsklärung

Kraft ist eine sportmotorische Fähigkeit, die aus unterschiedlichen Betrachtungsweisen definiert werden kann. Zum einen kann Kraft aus physikalischer Perspektive als Ursache einer beobachteten Leistung betrachtet werden. Zum anderen ist Kraft aus verhaltenswissenschaftlicher Perspektive die Disposition, Bewegungen mit hohem Krafteinsatz ausführen zu können (Hohmann et al. 2002).

Diese Fähigkeit spielt vor allem in Kraftsportarten eine Rolle. Hier müssen im Regelfall größere Lasten dynamisch bewältigt werden (Weineck 2007; Freiwald und Greiwing 2016). So z. B. beim Gewichtheben (weightlifting) oder Kraftdreikampf (powerlifting), eine in diesem Kontext häufig untersuchte Sportart. Bei Letzterem geht es im Regelfall darum, in drei unterschiedlichen Disziplinen (Bankdrücken, Kreuzheben und Kniebeuge) eine max. mögliche Last (Gewicht) in die Höhe zu stemmen. Wobei in den englischsprachigen Publikationen noch zwischen »Powerlifter« und »Fitnesslifter« unterschieden wird. Letztere sind eher breitensportlich orientiert und möchten im Regelfall ihre Figur und Fitness verbessern.

Im Gegensatz dazu geht es im Bodybuilding darum, durch das »Stemmen« von Gewichten den Körper entsprechend zu »formen«, sprich Muskelmasse aufzubauen (Freiwald und Greiwing 2016). Bodybuilder sind eine andere, ebenfalls in diesem Kontext häufig untersuchte Gruppe. Im Fokus der Untersuchungen steht hier neben der Sportsucht die Muskeldysmorphie (▶ Kap. 3.3).

In den vergangenen Jahren ist zudem noch das sogenannte »CrossFit« (Belger 2012) in den Mittelpunkt der Betrachtungen gerückt. Hier handelt es sich um eine Kombination von meist kraft- und ausdauerorientierten Übungen. Mittlerweile gibt es nationale und internationale Wettkämpfe/Meisterschaften. Hier handelt es sich um eine »Mischform« (Kraft und Ausdauer). Aufgrund des meist doch hohen Kraftanteils erscheint eine Zuordnung dieser Sportart in dieses Kapitel als vertretbar, ebenso aus den genannten Gründen bei Personen, die Fitnesssport betreiben.

4.6.2 Untersuchungen im Bereich Sportsucht und Kraftsport

Grundsätzlich stellt sich die Befundlage als nicht ganz eindeutig dar. Zum Teil ist gerade in den frühen Untersuchungen zum Thema nicht ganz klar, ob eine Muskeldysmorphie oder/und eine Sportsucht im Mittelpunkt der Untersuchungen standen (▸ Kap. 3.3). Darüber hinaus finden sich auch Überschneidungen zwischen beiden Störungsbildern (Zeeck et al. 2018; ▸ Kap. 3.3).

Prävalenz

Bezugnehmend auf verschiedene nationale und internationale Untersuchungen schwanken auch hier, wie im Kontext von Ausdauersportarten (▸ Kap. 3.2), die Angaben deutlich.

Die Arbeitsgruppe um Lichtenstein hat in einer neueren Studie zu Crossfit, unter Anwendung des EAI, bei 5 % der Athleten Hinweise auf eine Sportsucht finden können. Bei Fitnesssportlern hingegen waren es 9,7 % (Lichtenstein et al. 2014). Göring und Möhlenbeck (2016) konnten unter 297 Studierenden, die Fitnesssport betreiben, bei 6,9 % eine Sportsuchtgefährdung finden. In einer Studie von Lejoyeux et al. (2008) zeigten 42 % der untersuchten Fitnesssportler Kriterien einer Sportsucht. Insgesamt wurden 5–42 % der untersuchten Kraftsportler als zumindest gefährdet eingestuft (u. a. Lichtenstein und Jensen 2016; Lejoyeux et al. 2012).

Ergänzend hierzu konnten Lichtenstein et al. (2017a) in einer Gegenüberstellung von Untersuchungen aus unterschiedlichen Ländern deutliche Unterschiede finden:

So variieren die Prävalenzraten von

- 2 % in Ungarn (Menczel et al. 2013),
- 5–6 % in Dänemark (Lichtenstein et al. 2014; Lichtenstein und Jensen 2016) bis zu
- 30–42 % in Frankreich (Lejoyeux et al. 2008; Lejoyeux et al. 2012).

4 Verhaltensspezifika

Diese großen Unterschiede scheinen zum einen im verwendeten Messinstrument und zum anderen in der Größe der Stichprobe begründet zu sein (▶ Kap. 5.1).

Sportsucht im Kraftsport und Geschlecht

Zwischen männlichen und weiblichen Bodybuildern zeigten sich hinsichtlich Sportsucht keine bedeutsamen Unterschiede (Smith und Hale 2004), wobei meist Männer untersucht worden sind (u. a. Smith et al. 1998; Hurst et al. 2000; Hale et al. 2010). Erst in den vergangenen Jahren rückten Frauen stärker in den Blickpunkt wissenschaftlicher Betrachtungen (Hale et al. 2013).

So fanden Smith und Hale (2004) keine Geschlechterunterschiede bei Bodybuildern und Bodybuilderinnen. Lichtenstein und Jensen (2016) haben in ihrer Untersuchung an Personen, die CrossFit betreiben, einen im Vergleich zu den untersuchten Frauen höheren Anteil an sportsuchtgefährdeten Männern gefunden. Die gefundenen Unterschiede stehen in Einklang mit früheren Studien (Lichtenstein et al. 2014). Allerdings kann nicht ausgeschlossen werden, dass sich die Geschlechter hinsichtlich der Sportmotive unterscheiden. So gaben Frauen vermehrt an, Sport auszuüben, um ihr körperliches Erscheinungsbild zu verbessern, wohingegen bei Männern der Faktor der Leistungssteigerung im Vordergrund steht.

Sportsucht im Kraftsport und Alter

Villella et al. (2011) konnten in ihrer Studie zeigen, dass eher jüngere Männer von Verhaltenssüchten (u. a. Pathologisches Spielen und Sportsucht) betroffen sind. Lichtenstein und Jensen (2016) haben diesen Sachverhalt in der Sportart Crossfit untersucht und kamen zu dem Ergebnis, dass vor allem die Altersgruppe unter 30 Jahren von Sportsucht betroffen zu sein scheint.

Die Reduktion mit steigendem Alter scheint mit dem ausgeglicheneren Lebensstil im fortgeschrittenen Alter in Zusammenhang zu stehen (Szabo 2000). Zu einem gegensätzlichen Befund kommt Hale et al. (2010) in ihrer Studie an Gewichthebern. Hier wurden keine Unterschiede zwischen der jungen und der alten Kohorte gefunden (ab 55 Jahre). Die Vermutung der Autoren ist, dass die Stichprobe eher die sogenannten Langzeit-Gewichtheber beinhaltete, die schon seit Langem einen hohen Level an Abhängigkeitsverhalten aufrechterhalte, und deswegen keine Unterschiede entdeckt wurden.

Sportsucht und Trainingspensum

Lichtenstein und Jensen (2016) kommen in Ihrer Studie zu dem Schluss, dass das Risiko, an einer Sportsucht zu leiden, mit einem hohen Trainingspensum korreliert. Die Befunde stehen im Einklang mit einer früheren Studie der Arbeitsgruppe um Lichtenstein et al. (2014). Smith et al. (1998) vermuten, dass das Training mit Gewichten das Selbstwertgefühl deutlich steigern kann. Einige Leute beginnen zu trainieren, da sie ein negatives Körperbild und ein mangelndes Selbstwertgefühl haben (▶ Kap. 4.3). Grundsätzlich wären entsprechende positive Veränderungen aus gesundheitssportlicher Sicht wünschenswert und als positiv zu bewerten. Allerdings kann das mit dem Training einhergehende neue Gefühl für sich selbst und seinen Körper möglicherweise eine Abhängigkeit fördern.

In diesem Zusammenhang findet sich eine Reihe von Untersuchungen, in denen zwischen erfahrenen und unerfahrenen Kraftsportlern, meist Bodybuildern, unterschieden wird. In einer neueren Untersuchung von Hale et al. (2013) mit weiblichen Bodybuildern wurden keine Unterschiede zwischen Erfahrenen und Unerfahrenen in Bezug auf Sportsuchtgefährdung gefunden. Hurst et al. (2000) konnten in ihrer Studie an Bodybuildern und Gewichthebern hingegen Unterschiede zwischen Erfahrenen und Unerfahrenen finden. So zeigte sich, dass erfahrenere Bodybuilder (betreiben Bodybuilding länger als zwei Jahre) signifikant höhere Scores als unerfahrene Bodybuilder und Gewichtheber bei »Bodybuilding Dependence«, »Sozialer Identität«, bei der »Bodybuilding Identität« und der sozialen Unterstützung aufweisen. Signifikant geringere Scores wiesen sie allerdings bei sozialer Angst bezogen auf den Körper auf. Die Autoren schlussfolgern, dass erfahrene Bodybuilder eher sportsuchtgefährdet sind, eher sozial unterstützendes Verhalten zeigen, aber weniger soziale Ängste bzgl. des Körpers erleben als die beiden anderen Gruppen.

Darüber hinaus scheinen erfahrene Bodybuilder ein höheres Maß an positiver Körperwahrnehmung nach einer intensiven Trainingseinheit zu verspüren (Smith et al. 1998). Hier sehen die Autoren eine mögliche Gefahr, eine Abhängigkeit zu entwickeln und gleichzeitig aber auch weniger soziale Ängste bezogen auf den eigenen Körper zu empfinden. Sie vermuten, je muskulöser ein Bodybuilder wird, desto besser kann er Minderwertigkeitsgefühle überwinden und eine Art Abhängigkeit vom guten Gefühl gegenüber dem eigenen Körper entwickeln.

Die deutlich höheren Scores im Kontext Trainingsabhängigkeit bei erfahrenen Bodybuildern würden auch darauf hinweisen, dass Bodybuilder wahrscheinlich mehr von der Aktivität des Gewichthebens selbst, als nur von sozialen Aspekten der Aktivität abhängig werden. Darüber hinaus konnten die Autoren in diesem Zusammenhang zeigen, dass erfahrene Bodybuilder ein größeres Bedürfnis an Kontrolle für die Trainingseinheiten verspüren.

Der Befund, dass soziales Unterstützungsverhalten bei erfahrenen Bodybuildern im Vergleich zu anderen Gewichthebern erhöht ist, zeigt laut Autoren auf, wie sehr eine unterstützende soziale Atmosphäre in der Bodybuilding-Szene etabliert ist. Bodybuilding ist eine komplexe Subkultur mit Normen für angemessenes Verhalten innerhalb dieser Kultur. Teil dieses sozialen Netzwerkes zu werden, könnte zu einer stärkeren Identifikation mit der Sportart selbst beitragen. Wird der sportlichen Aktivität mehr Bedeutung zugeschrieben als anderen Hauptbereichen des Lebens wie Arbeit und Familie, kann auch das abhängigkeitsförderlich sein.

Sportsucht und unterschiedliche Kraftsportarten

Vergleicht man nun die Befunde bei den unterschiedlichen Kraftsportarten, so zeigen sich zum Teil gravierende Unterschiede. Hale et al. (2013) verglichen weibliche Bodybuilder mit weiblichen Fitness-Liftern. Bodybuilderinnen weisen höhere Scores auf der Exercise Dependence Scale (EDS) auf als Fitness-Lifterinnen. In einer anderen Arbeit von Hale et al. (2010) wurden männliche Bodybuilder mit Power-Liftern und Fitness-Liftern verglichen. Auch hier zeigten sich bei den Bodybuildern (und Power-Lifter) signifikant höhere Werte. Generell betreiben Bodybuilder (und Power-Lifter) ihren Sport seit mehreren Jahren, verbringen mehr Zeit im Studio und leisten meist intensivere Work-Outs als Fitness-Lifter. Hale et al. (2010) fanden zudem auch Unterschiede in der Häufigkeit der Workouts zwischen Bodybildern (größere Häufigkeit) und Fitness-Liftern. Cook et al. (2012) merken an, dass Teilnehmerinnen, die Gewicht zunehmen wollen (Bodybuilderinnen), signifikant höhere Ausmaße an belastenden Trainings ausübten, als Frauen, die Gewicht verlieren wollten, wie dies bei Fitness-Liftern der Fall ist. Die Befunde stimmen überein mit Studien männlicher Bodybuilder und Fitness-Lifter (Hale et al. 2010; Smith und Hale 2004). Darüber hinaus gehen unterschiedliche Arten von Gewichtheben mit verschiedenen Zielen für Work-Outs einher. Das könnte die Anfälligkeit für sportsüchtiges Verhalten beeinflussen. Power-Lifter scheinen weniger »anfällig« zu sein, da ihr Training häufig darin besteht, so viel Gewicht wie möglich in einer Wiederholung zu schaffen und nicht das Muskelwachstum, wie bei Bodybuildern, vordergründig ist. Dies legt die Vermutung nahe, dass sie weniger zwanghafte Übertrainingsroutinen entwickeln, um z. B. negativen Körperbildern entgegenzuwirken (Hallsworth et al. 2005; Lantz et al. 2002). Weiterhin wird postuliert, dass viele Bodybuilder versuchen, einen äußerst muskulösen Körper zu bekommen (Smith et al. 1998), um »Schwächen« des eigenen Körpers und ein mangelndes Selbstwertgefühl zu überwinden (vgl. Hildebrandt et al. 2006; Hurst et al. 2000; Olivardia et al. 2000; Pope et al. 2000b). Deswegen könnten sie anfälliger für exzessive Trainingsroutinen, problematisches Essverhalten und Steroidgebrauch sein (▶ Kap. 3.3). Dies deckt sich mit Berichten von Bodybuildern (Klein 1993) und einer korrelativen Studie von Hurst et al. (2000). Diese betonen ebenfalls, dass Bodybuilder eher zur Sportsucht tendieren.

4 Verhaltensspezifika

Hurst et al. (2000) konnten allerdings keine Unterschiede zwischen Bodybuildern und Power-Liftern finden. Die Autoren vermuten als Grund: die Auswahl der Stichprobe. Sie beinhaltete ähnliche Profile an engagierten und kompetitiven Bodybuildern und Power-Liftern, die beide regelmäßige Workouts zur Zielerreichung verfolgten und hohes »Commitment« hatten. Außerdem konnten sich die Teilnehmer selbst im Fragebogen einer der Sportartenkategorien zuordnen, ohne dass ein Background Check über deren aktuelle Hebe-Trainingsgewohnheiten oder deren kompetitive Erfahrungen stattgefunden hätte.

Wettkampfsportler vs. Freizeitsportler

Symptome einer Sucht treten eher bei Bodybuildern auf, die an Wettkämpfen teilnehmen, als bei denen, die ihren Sport ohne Wettkampf-Hintergrund ausführen (Smith und Hale 2004; Smith und Hale 2011). Die meisten Bodybuilder, die nicht an Wettkämpfen teilnehmen, trainieren eher aus kosmetischen Gründen als dafür, Trophäen zu gewinnen. Sich für einen Wettkampf vorzubereiten ist ein äußerst mühsamer Prozess, der neben hartem Gewichtstraining auch stringentes Diätverhalten und aerobes Training für Fettverlust, Posing-Übungen und oftmals die Verwendung verschiedener Mittel für das Muskelwachstum beinhaltet. Aufgrund dieser extremen Anforderungen im kompetitiven Bodybuilding-Bereich scheint es naheliegend, dass nur diejenigen, die ein sehr hohes Commitment gegenüber der Sportart haben, auch Wettkämpfe bestreiten.

4.6.3 Probleme

In diesem Kapitel wie auch im Bereich der Ausdauersportarten (▸ Kap. 3.2), gibt es starke Unterschiede in den publizierten Prävalenzraten. Wie bereits in den vorangegangenen Kapiteln dargelegt, sind auch hier zentrale Probleme die eher geringe Anzahl an empirischen Untersuchungen mit unterschiedlichen Stichproben(-größen) und Messinstrumenten (▸ Kap. 2).

4.6 Sportsucht im Fitness- und Kraftsport

Gerade die Operationalisierung sozialer Unterstützung im Bereich der Kraftsportarten erscheint als nicht ganz unproblematisch. Lichtenstein et al. (2017a) berichten, dass Trainierende in Fitnessstudios mit erhöhtem Risiko für Sportsucht scheinbar den gleichen Level an sozialer Unterstützung erfahren wie Personen ohne Risiko. Dies legt den Schluss nahe, dass mit der Variablen »Konflikt« (z. B. im EAI) eine Sportsucht in diesem Kontext eher schwer zu identifizieren ist. In diesem Zusammenhang stellt sich dann die Frage nach der Reliabilität und nach dem Umgang mit den verwendeten Items. Der Aspekt der Diagnostik bzw. Operationalisierung und den sich daraus ergebenden Konsequenzen wird im Kapitel Diagnostik (▶ Kap. 5) ausführlich diskutiert. Erschwerend kommt in diesem Zusammenhang die Problematik der genauen Abgrenzung von Sportsucht und Muskeldysmorphie hinzu (▶ Kap. 3.3).

Darüber hinaus wurde Sportsucht in Kraftsportarten nur mit wenigen quantitativen Designs an Frauen untersucht (z. B. Smith und Hale 2011; Tod und Lavallee 2010).

Außerdem sollten neben Geschlecht und Alter weitere soziodemografische Faktoren untersucht werden. So könnte ein klarer Konsens über Unterschiede und potentielle Moderator- und Mediatoreffekte des Einflusses verschiedener Variablen erzielt werden (Cook et al. 2013). Weiterhin ist der Zusammenhang einer Sportsuchtgefährdung mit anderen Trainings-assoziierten Variablen (z. B. physische Konstitution, sportliche Performance) nach wie vor nicht geklärt.

5

Ätiologische und psychosoziale Aspekte der Sportsucht

5.1 Modelle und Erklärungsansätze von Sportsucht

Heiko Ziemainz

Modelle und Erklärungsansätze zum Verständnis der Entwicklung und Entstehung einer Sportsucht lassen sich zwei unterschiedlichen, aber sich durchaus ergänzenden Perspektiven zuordnen (Breuer und Kleinert 2009; Kleinert 2014):

5.1 Modelle und Erklärungsansätze von Sportsucht

1. Rolle der Komorbidität im Rahmen der Krankheitsentwicklung und damit die Frage, ob Sportsucht ein primäres Phänomen oder lediglich die (sekundäre) Folge anderer Störungen ist.
2. Rolle der Sport- und Bewegungsaktivität selbst und damit die Frage nach Mechanismen innerhalb der Aktivitäten, die eine pathologische Entartung des Verhaltens auslösen, unterstützen oder aufrechterhalten.

Als dahinterstehende Kausalprozesse erscheinen Sozialisation, Selektion und Vulnerabilität denkbar.

- Sozialisationsannahme: Sportsucht entwickelt sich ohne Einfluss anderer Störungen lediglich als Konsequenz der psychosozialen Bedingungen im (Leistungs-)Sport.
- Selektionsannahme: Individuen mit bestehenden psychischen Störungen oder Erkrankungen instrumentalisieren den Sport im Kontext ihrer Störung.
- Sportsüchtiges Verhalten begünstigt die Entwicklung weiterer grundlegender psychischer Störungen.

Die dargestellten Annahmen/Prozesse schließen sich sicherlich nicht gegenseitig aus. Allerdings lassen die aktuellen wissenschaftlichen Befunde keine Aussagen über das Ausmaß der Beteiligung der Annahmen/Prozesse im Rahmen der Sportsucht zu. Darüberhinaus bestehen in den häufigsten Erkrankungsfällen Zusammenhänge mit anderen Störungsbildern. Die damit verknüpfte Kausalität ist ebenfalls ungeklärt (Kleinert 2014).

Vor dem Hintergrund der bisher existierenden wissenschaftlichen Befundlage und der Komplexität der Sportsuchtpathogenese erscheint eine Darstellung der Modelle bzw. Ansätze, die sich auf die Entstehung/Entwicklung der primären Sportsucht konzentrieren, als sinnvoll.

Zu Beginn der Sportsuchtforschung wurde Sportsucht sogar als etwas Positives gesehen (Positive Addiction) (Glasser 1976). Idee war es, die Menschen, die sich zu dieser Zeit bereits zu wenig bewegten, vom Sport »abhängig« zu machen. Der dahinterstehende Gedanke

5 Ätiologische und psychosoziale Aspekte der Sportsucht

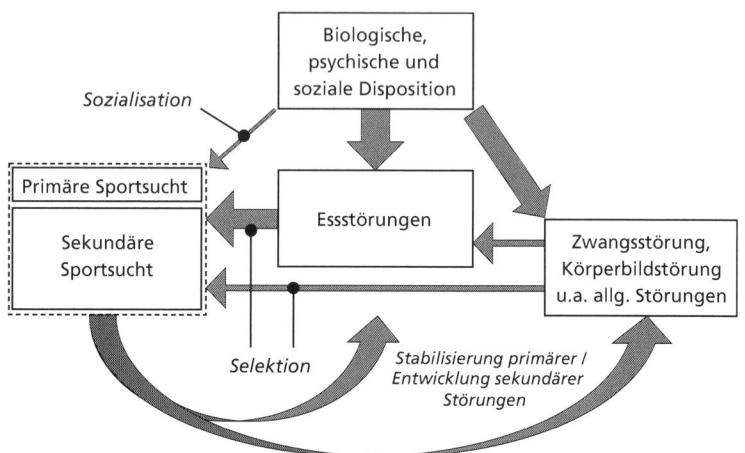

Abb. 5.1: Sozialisations- und Selektionsanahme der primären bzw. sekundären Sportsucht im Modell (nach Kleinert 2014, mit freundlicher Genehmigung des Georg Thieme Verlags)

war, die Aufrechterhaltung regelmäßigen Sporttreibens zu erreichen und so die positive gesundheitliche Wirkung durch Sport sicherzustellen. Aber kurze Zeit später standen und stehen bis heute Ansätze im Mittelpunkt, die vor allem negative Aspekte von Sportsucht beleuchten. Versucht man die Ansätze zu systematisieren, so bietet sich, neben psychologisch versus physiologisch (▶ Tab. 5.1 und 5.2), eine Einteilung in eher unidimensionale versus multidimensionale Ansätze an (Stoll 2017).

Unidimensionale Erklärungsansätze können in zwei Kategorien eingeordnet werden (Stoll 2016):

- Physiologische
- Psychologische

In den Anfängen der Sportsuchtforschung sind vor allem unidimensionale physiologisch-orientierte Ansätze favorisiert worden. Grundannahme war, dass biologische Prozesse (z.B. Endorphine, Neurotransmitter wie z.B. Adrenalin oder Serotonin) für das Suchterleben maßgeblich sind (▶ Tab. 5.1).

5.1.1 Physiologisch-orientierte Erklärungsansätze

Im Kontext physiologisch-orientierter Ansätze standen vor allem Untersuchungen zum körpereigenen Cannabinoid-System und zu Opiaten im Mittelpunkt. Annahme war, dass das Individuum durch diese Vorgänge in der Lage ist, sich zu berauschen, dieser Zustand vom Individuum immer wieder herbeigeführt wird und dies letztendlich in einer Sportsucht endet.

Grundannahme der *ß-Endorphin Opioid Hypothese* ist, dass aerober Sport zu einem Teufelskreis der Stimulation der ß-Endorphin-Freisetzung und anderer endogener Opioidpeptide führt, die analgetische Wirkungen ausüben und so Suchtverhalten erzeugen können. Zudem soll ß-Endorphin eine stark schmerzlindernde Wirkung erzielen (Holmann und Demeirleir 1988).

Problematisch an diesem Ansatz scheint, dass die ß-Endorphinausschüttung nur vermehrt bei intensiven Belastungen (über 4mmol/L Laktat im Blut) erfolgt, keine akuten Schmerzen wie die eines Marathons vermindert werden und zudem in den meisten Studien die Messung der Konzentration im Blut erfolgt. Eine Messung im limbischen System wäre zielführender, da dort die euphorische Wirkung stattfindet. Denn es ist unklar, ob oder in welcher Konzentration die Blut-Hirnschranke passiert werden kann (Schipfer 2015).

Eine Studie mittels Positronen-Emissions-Tomografie (PET) von Boecker et al. (2008) scheint jedoch darauf hinzudeuten, dass eine entsprechende Wirkung im menschlichen Gehirn (Präfrontaler Cortex und limbisches System) durch Ausdauerläufe nachweisbar ist.

Die Vertreter der *Endocannabinoid-Hypothese* postulieren, dass gerade durch Ausdauersport das Endocannabinoid System aktiviert wird (Fuss et al. 2015). Dieses System ist Teil des Nervensystems und scheint eine wichtige Rolle in der Regulation des Immunsystems, im

Gedächtnis und der Bewegungsregulation zu spielen. Somit ist es u. a. mitverantwortlich für Wohlbefinden und Beruhigung, Aufmerksamkeitskapazität, Arbeitsgedächtnis und Zeiteinschätzung. Ähnliches gilt für die *Katecholamin Hypothese*. Katecholamine sind involviert sowohl in die Affekt- und Stimmungsregulation als auch im Belohnungssystem. Veränderungen des Katecholaminlevels nach dem Sport sind vermutlich verantwortlich für den positiven Affekt (Kerr et al. 2007).

Ein Ansatz der bisher eher selten im Kontext von Sportsucht thematisiert worden ist, ist das »*Interleukin-6« Model for Exercise Addiction* (Hamer und Karageorghis 2007; ▶ Abb. 5.2). Grundannahme ist, dass ein noch nicht identifizierter Trigger zum Anstieg von Interleukin-6 (IL-6) (welches u. a. die Entzündungsreaktion des Organismus regulieren kann) führt. Dies kann wiederum zu Zytokininduziertem negativen Wohlbefinden führen. Der Zusammenhang zwischen IL-6 und Stimmung scheint jedoch zu gering (Schipfer 2015).

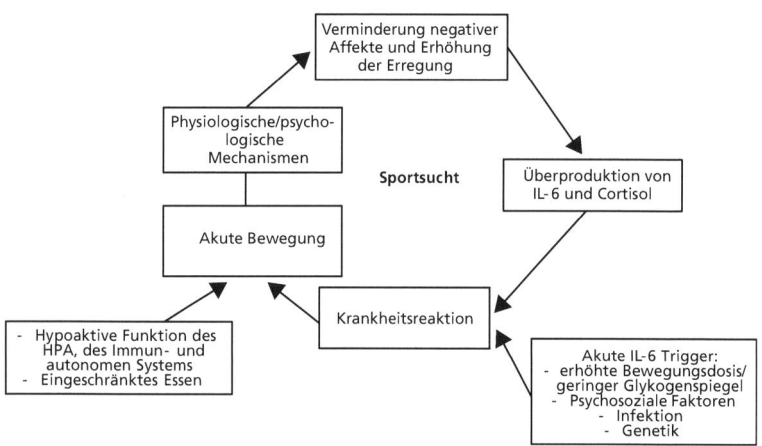

Abb. 5.2: Ein mögliches Modell der biopsychologischen Mechanismen von Sportsucht (in Anlehnung an Hamer & Karageorghis 2007)
(HPA= Hypothalamus-Hypophysen-Nebennierenrinden-Achse; IL-6=Interleukin 6)

5.1 Modelle und Erklärungsansätze von Sportsucht

Die *Sympathetic Arousal Hypothesis* (Thompson und Blanton 1987) erklärt, wie die Anpassung an regelmäßigen Sport zur Sucht führen kann. Kern ist, dass die Anpassung an regelmäßigen Sport die Aktivität des Sympathikus reduziert. Die Reduktion führt langfristig zu einem geringeren Erregungsniveau während Trainingspausen und kann so zu gefühlter Energielosigkeit und Lethargie führen. Somit wird immer mehr Sport benötigt, um diesem Zustand entgegenzuwirken. Allerdings erscheint der Ansatz nicht oder wenig geeignet als Erklärung von Sportsucht. Denn obwohl sich bei jedem Sportler die Aktivität des Sympathikus durch Sport reduziert, ist nicht jeder Sportler von Sportsucht betroffen (Sussman et al. 2011a).

Während physiologische Erklärungsansätze die Erklärung einer Suchtentstehung eher in den Anpassungsvorgängen des Körpers an sportliche Aktivität vermuten, sehen die eher psychologisch-orientieren Ansätze Veränderungen in der Affektregulation, der Wahrnehmung und Bewertung der Aktivität und in den Motiv- und Persönlichkeitsstrukturen.

Tab. 5.1: Unidimensionale physiologisch-orientierte Erklärungsansätze zur Sportsucht

Ansatz	Inhalte	Referenz
Beta-Endorphin	• aerober Sport führt zu einem »Teufelskreis« der Stimulation der ß-Endorphin-Freisetzung und anderer endogener Opioidpeptide, die analgetische Wirkungen ausüben und auch Suchtverhalten erzeugen können • ß-Endorphin soll eine stark schmerzlindernde Wirkung erzielen	Holmann und Demeirleir (1988)
Endocannabinoid	• Ausdauersport aktiviert das Endocannabinoid System • führt zu Wohlbefinden und Beruhigung, aber auch reduzierter Aufmerksamkeitskapazität, beeinträchtigtes Arbeitsgedächtnis und schlechtere Zeiteinschätzung	Fuss et al. (2015)

Tab. 5.1: Unidimensionale physiologisch-orientierte Erklärungsansätze zur Sportsucht – Fortsetzung

Ansatz	Inhalte	Referenz
Katecholamine	• Katecholamine sind involviert in Affekt- und Stimmungsregulation und im Belohnungssystem • Veränderungen des Katecholaminlevels nach dem Sport ist vermutlich verantwortlich für positiven Affekt	Kerr, Lindner & Blaydon (2007)
Interleukin-6	• ein noch nicht identifizierter Trigger kann zum Anstieg von Interleukin-6 führen • dies kann wiederum zu Zytokin-induziertem negativen Wohlbefinden führen	Hamer und Karageorghis (2007)
Sympathicarousal	• Anpassung an regelmäßigen Sport reduziert die Aktivität des Sympathikus • führt langfristig zu einem geringeren Erregungsniveau während Trainingspausen	Thompson und Blanton (1987)

5.1.2 Psychologisch orientierte Erklärungsansätze

Einer der weitverbreitetsten und populärsten Ansätze im Kontext Affektregulation ist der des *Flow*-Erlebens. Mihaly Csikszentmihayli und Susan Jackson (2000) beschreiben Flow-Erleben als ein ganzheitliches Gefühl von völligem Aufgehen in einer Tätigkeit, in der Teilhandlung auf Teilhandlung folgt ohne bewusstes Eingreifen des Handelnden. Die Tätigkeit wird als eine Art andauerndes Fließen von Moment zu Moment wahrgenommen und erlebt. Eine Trennung zwischen Vergangenheit, Gegenwart und Zukunft, Reiz und Reaktion oder Selbst und Umwelt wird kaum wahrgenommen. Man erscheint »Meister seines Handelns« zu sein (Reinhardt et al. 2008).

Dieser Zustand wird als so angenehm empfunden (positive Befindlichkeitsveränderungen), dass dieser immer wieder aufs Neue erreicht und erlebt werden möchte. In der Folge kann dies dazu führen, dass Individuen verstärkt und noch eifriger ihrer sportlichen Betätigung nachgehen, nur um in diesen (Flow-)Zustand zu kommen. Dadurch könnte sich die Gefahr, in ein suchthaftes Verhalten abzugleiten, verstärken.

Abb. 5.3: Hypothese der sympathischen Erregung durch Sport/Bewegung (in Anlehnung an Szabo 1995)

Im *Kompensationsmodell* von Griffith (1997) hingegen geht es im Wesentlichen um die Kompensation von Misserfolgen in anderen Lebensbereichen durch völlige körperliche Erschöpfung. Diese wird als Erfolgserlebnis bewertet und somit das Selbstbewusstsein gesteigert.

Ein anderer Modellansatz rückt Wahrnehmung und Bewertung der Aktivität in den Mittelpunkt der Betrachtungen. Hier erscheinen eher kognitive Aspekte als suchtrelevant. Insbesondere erscheint das übersteigerte Streben nach Kontrolle und Kompetenz von Bedeutung zu sein.

Szabo (1995) versucht sich in seinem Ansatz (*The Cognitive Appraisal Hypothesis*) zur Sportsuchtentstehung aus kognitionspsychologischer Sicht zu nähern. Er sieht Sport als Copingstrategie, um Stress entfliehen zu können. Seiner Meinung nach stehen dem Individuum neben regelmäßigem Sport keine geeigneten Copingstrategien zur Verfügung. Problematisch an dem Ansatz erscheint jedoch, dass dieser Ansatz nicht den Beginn der Sucht, nur deren Aufrechterhaltung erklären kann (Egorov und Szabo 2013).

Darüberhinaus sind Ansätze zu finden, die sich mit Sportsucht und Persönlichkeit auseinandersetzen.

Tab. 5.2: Unidimensionale psychologisch-orientierte Erklärungsansätze zur Sportsucht

Ansatz	Inhalte	Referenz
Kompensationsmodell	• Sport dient dazu, das Selbstbewusstsein zu steigern, beispielsweise um Misserfolge in anderen Bereichen zu kompensieren und der Bewältigung von Problemen auszuweichen • völlige körperliche Erschöpfung wird angestrebt und als Erfolgserlebnis bewertet	Griffith (1997)
Suchtpersönlichkeit	Spezifische Persönlichkeitsmerkmale prognostizieren Sportsucht-Symptome	Hartung und Farge (1977); Hausenblas und Giacobbi (2004)
Affektregulation	Laufen (Sport) wirkt als Verstärker positiver Affekte und reduziert negative Affekte	zusammenfassend Schipfer (2015)
Flow-Erleben	Befindlichkeitsverbesserung nach körperlicher Aktivität und Flow-Erleben während Aktivität kann zu suchthaften Verhalten führen	Csíkszentmihályi (2008)
Cognitive-appraisal	• Sport als Copingstrategie und Flucht vor Stress • ohne regelmäßigen Sport keine Copingstrategien verfügbar	Szabo (1995)

5.1 Modelle und Erklärungsansätze von Sportsucht

Sport und Persönlichkeit ist ein Forschungsgebiet, mit dem sich die Sportpsychologie seit Jahrzehnten beschäftigt, aber leider bisher keine konsistente Befundlage erkennbar scheint (Gabler und Kempf 1987; Stoll und Rolle 1997). Somit ist es nicht verwunderlich, dass im Kontext »(Sport-)Suchtpersönlichkeit« (Hartung und Farge 1977) die Befundlage ähnlich ist. Darauf deuten auch die zwei bisherigen, systematischen Reviews zur Thematik von Hausenblas und Symons Downs (2002a) und von Bircher et al. (2017) hin. Letztere weisen jedoch daraufhin, dass Narzissmus und Perfektionismus mit Sportsucht assoziiert zu sein scheinen. Weiterhin scheinen u. a. Ärger, Angst und Depression in Zusammenhang mit Sportsucht zu stehen. Schipfer (2015) konnte die Dimensionen »zwanghafte Leidenschaft« und »Sorge vor nicht perfekter Leistung« identifizieren. Darüber hinaus konnten Hausenblas und Giacobbi (2004) sowie Cook et al. (2018) in ihren Studien Anzeichen finden, dass Extraversion und Neurotizismus Sportsucht-Symptome prognostizieren können. Nach Bircher et al. (2017) erscheint Letzteres nicht ganz so eindeutig zu sein. In einer Untersuchung an Sportstudenten und Besuchern von Fitnessstudios hingegen zeigte sich ein signifikanter Zusammenhang zwischen Schwierigkeiten in der Selbstwert- und Affektregulation, der Selbst- und Affektwahrnehmung sowie einem unsicheren Bindungsmuster und Symptomen einer Sportsucht (Zeeck et al. 2015; Alatas 2019).

Es scheint nach wie vor keine konsistente wissenschaftliche Befundlage erkennbar. Darüber hinaus ist nach wie vor unklar, welche Merkmale, in welcher Intensität und in welchem Umfang in den verschiedenen Stadien der Sucht Einfluss nehmen (Breuer und Kleinert 2009; Bircher et al. 2017).

Weiterhin finden sich vereinzelt Ansätze, die die Ursache von Sportsucht primär in gesellschaftlichen Aspekten sehen.

Die eher soziologisch orientierten Ansätze gehen davon aus, dass Sportsucht im Zusammenhang mit den aktuellen Idealen in den westlichen Leistungsgesellschaften steht. Ausgangspunkt ist der hohe Stellenwert, den Leistung als positiv konnotierter Wert im Gesellschaftssystem hat. Hinzu kommt, dass vorherrschende Schönheitsideale, die sich zunehmend auch auf Männer beziehen, eine mögliche Sportsuchtentwicklung befördern könnten (Stoll 2017).

Einigkeit herrscht mittlerweile darüber, dass unidimensionale Modelle die Komplexität der Sportsucht monokausal nicht ausreichend erklären können (Schack 2000; Breuer und Kleinert 2009; Zeeck et al. 2013; Schipfer 2015).

5.1.3 Multidimensionale prozessorientierte Modelle

Die eher prozessorientierten Modelle (▸ Tab. 5.3) entwickelten sich in den 1980er Jahren des vergangenen Jahrhunderts im Zuge der boomenden Langstreckenlaufbewegung. Der grundlegende Ausgangspunkt war die Frage, was Menschen dazu veranlasst, diese »Strapazen« auf sich zu nehmen bzw. diese auch durchzustehen (vgl. Sachs und Pargman 1984).

Erster multidimensionaler Ansatz war das »*Model of Participating in Running*« von Sachs und Pargman (1984). Die Autoren teilen den Prozess der Suchtentwicklung in vier Quadranten (Stadien) ein. Die aus einem Koordinatensystem mit zwei Achsen, Laufbindung (commitment to running) und Laufsucht (addiction to running), resultieren. Die Athleten werden nun den vier Quadranten zugeordnet: A) hohe Laufsucht (LS) und hohe Laufbindung (LB), B) hohe LS und niedrige LB, C) niedrige LS und niedrige LB und D) hohe LB und niedrige LS. Die Einteilung ist nicht als starr und überdauernd zu verstehen. Vielmehr betonen die Autoren, dass ein Wechsel von einem Quadranten in einen anderen möglich ist. Dafür sind Veränderungen in Motivation und Bindung notwendig. Allerdings beschreiben die Autoren lediglich einen bestimmten Status und nicht den vorangegangenen Prozess, um in einen Quadranten zu gelangen bzw. darin zu verbleiben (Schack 2000).

Im Gegensatz dazu wird im »*Biopsychosocial Model for Exercise Addiction*« (McNamara und McCabe 2013) die Ursache für Sportsucht eher in biologischen Faktoren (z. B. BMI) gesehen und psychologische und soziale Faktoren werden als Mediatoren für das Eintreten der Sucht verstanden. Das *Four-Phase Model for Exercise Addiction* (Freimuth et al. 2011) hingegen sieht Stress für die Entstehung einer Sportsucht hauptverantwortlich. Sport fungiert in diesem Zusammenhang als Bewältigungsstrategie. Es muss Stress vorhanden sein, damit eine Sportsucht entsteht und es ist unklar, unter welchen Bedingungen (wann) und welche Art Sport als Copingstrategie genutzt wird.

Das *Biopsychologische Modell* von Weinstein und Weinstein (2014) versucht demgegenüber, die möglichen psychologischen und physiologischen Aspekte zu verbinden. Danach bewirkt Sport auf der einen Seite eine positive Verstärkung und Belohnung durch positive Erregung und Verbesserung des Affekts und auf der anderen Seite negative Verstärkung durch Stress- und Angstreduktion.

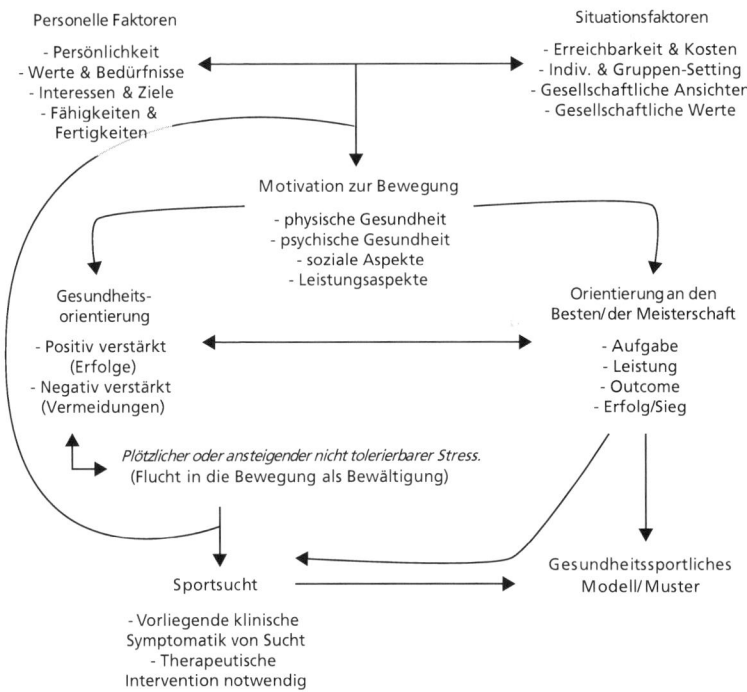

Abb. 5.4: Interaktionales Modell für ein besseres Verständnis des Bewegungsparadox (in Anlehnung an Egorov & Szabo 2013)

Aus motivationspsychologischer Perspektive argumentieren Egorov und Szabo (2013) im *Interactional Model for Exercise Addiction*. Ihr Modell repräsentiert den hohen subjektiven Aspekt der Sucht und leitet sich im Wesentlichen aus dem PACE Modell für Sucht (Sussman et al. 2011a) ab. Ausgangspunkt für die Entstehung der Sportsucht ist die Intention für regelmäßiges Training: »therapeutische« vs. Leistungsorientierung.

So werden problematische Lebensereignisse als Trigger für Personen, die schon erhöhtes Risikopotential aufweisen bzw. Sport aus therapeutischer Intention betreiben, gesehen. Liegt die Intention eher auf dem Aspekt der Leistungsorientierung, so entwickelt sich eine Sucht eher aus einer Form von Zwanghaftigkeit heraus (daher Pfeil in Abbildung 5.5 gestrichelt dargestellt; ▸ Abb. 5.5).

Kerr et al. (2007) sehen Browns (1997) Modell als eine der gelungensten und hilfreichsten Theorien zur Erklärung der Sportsucht an, da es verschiedene Stadien der Suchtentwicklung beschreibt und sich psychologisch gut begründen lässt. Sein *Hedonic Management Model of Addiction* basiert, ähnlich wie das *Excessive Appetite Model of Addiction* von Orford (2001), auf dem Konzept der kognitiv-sozialen Lerntheorie. Als Hauptursache der Entstehung und Überwindung von Abhängigkeiten nimmt das Modell psychologische Faktoren an und betrachtet die körperlich stattfindenden Prozesse als stark unterstützend bzw. aufrechterhaltend. Die Sportsucht entwickelt sich nach diesem Modell über sieben Stufen und Hauptgrund für die Entwicklung ist das Verlangen nach einem »hedonic tone« (Aufrechterhalten einer positiven Stimmung):

1. Stimmungsregulierung (management of hedonic tone): Die Person lernt, eigene Erregung, Stimmungen und Erfahrungen zu kontrollieren, um eine angenehme Wirkung zu erhalten.
2. Vulnerabilität (vulnerabilities): Dies bezeichnet die individuelle genetische Disposition zur Suchtentwicklung.
3. Auslöser (initiation): Allmähliche oder plötzliche Entdeckung einer Aktivität, die eine starke und effektive Beeinflussung des hedonic tone erlaubt.

5.1 Modelle und Erklärungsansätze von Sportsucht

4. Wahl einer spezifischen »Suchtaktivität« (addictive activity choice): Diese Wahl ist abhängig von der Breite der verfügbaren Aktivitäten, sozialer Unterstützung sowie angeborenen Eigenschaften.
5. Entwicklung des Suchtverhaltens (development of acquired drive and increasing salience): Eine Abhängigkeit entwickelt sich als Ergebnis einer Reihe kognitiver Fehlleistungen sowie emotionaler und kognitiver Feedbackprozesse (positive Rückkopplung).
6. Kreisläufe (cycles): Durch wiederkehrende zwanghafte Sportausübung kommt es zu einer Verfestigung von klassischen Konditionierungseffekten, Ritualen und dysfunktionalen Glaubenssystemen.
7. Manifestes Suchtverhalten (established addiction): Eine spezifische Suchtaktivität dominiert das Denken und Verhalten. Entscheidungen werden ausschließlich mit Blick auf Stimmungsverbesserung und dem Verhindern von Entzugserscheinungen getroffen.

Der Kern der Suchtentstehung ist nach Brown (1997) also darin zu sehen, dass Strategien entdeckt werden, die es ermöglichen, Erregungszustände zu steuern und den hedonischen Zustand (hedonic tone) zuverlässig und unverzüglich in die gewünschte Richtung zu bewegen. Erweist sich eine Strategie als effektiv, wird sie beibehalten.

Eine stärkere biopsychosoziale Perspektive, die psychophysiologische Wechselwirkungen, Selbstwahrnehmung und -bewertung sowie soziale Aspekte berücksichtigt, nimmt das Modell von Schack (2000) ein.

Damit wird in diesem Modell die Komplexität des Zusammenspiels von Bedingungen auslösenden und aufrechterhaltenden Faktoren besonderes Augenmerk geschenkt (Schack 2000; Zeeck et al. 2013).

Schack (2000) vertritt, ähnlich wie Breuer und Kleinert (2009), in seinem multidisziplinären Prozessmodell die Grundannahme, dass es für den Sportler grundsätzlich darum geht, Informationen über die Veränderung der psychophysiologischen Zustände (hormonelle Veränderungen, Veränderungen des Herz-Kreislauf-Systems, körperliches Befinden), der Selbstwahrnehmung und Selbstbewertung (Selbstwerterhöhung oder -stabilisierung, Bewertung der eigenen

Handlungskontrolle) und der Rahmenbedingungen und Reaktionen aus dem sozialen Umfeld (Trend, Freunde, Gegner) zusammenzuführen. Die Entstehung der Sucht kann für Sportler, die sich in einer suchtempfänglichen Phase befinden, über jede dieser drei genannten Ebenen verstärkt werden, zum Beispiel:

1. Auf der psychophysiologischen Ebene durch ß-Endorphin,
2. auf der Selbstwahrnehmungsebene durch Aufwertung des Selbstbildes,
3. auf der sozialen Ebene durch steigendes Ansehen.

Gerade Letzteres scheint bei der Sportsucht einen deutlich höheren Stellenwert im Vergleich zu stoffgebundenen Süchten zu haben (Breuer und Kleinert 2009).

Während eine der Ebenen meist besonders hervortritt, sind auf den anderen beiden Ebenen ebenfalls suchtforcierende Bedingungen zur Suchtausprägung notwendig. Schack (2000) geht davon aus, dass Sportsucht über mehrere Phasen (Sportbindung, Übergangsphase, Sportsucht) und über einen Zeitraum von vier bis sechs Monaten bzw. bis zu zwei Jahren entstehen kann (Schipfer 2015). Ausgangspunkt des Modells ist die Phase der (erfolgreichen) Sportzuwendung. Auf die Sportzuwendung folgt die Phase der Sportbindung. Die Sportbindung zeichnet sich durch eine starke Hinwendung zum Sport aus. Diese Phase kann jedoch auf zwei unterschiedlichen Wegen erfolgen. Eine Sportbindung, wie sie bei nicht suchtgefährdeten Sportlern erfolgt, lässt sich durch folgende Merkmale kennzeichnen:

1. Das Motiv zum wiederholten Training ist ein wichtiges, aber nicht das zentrale Motiv im Leben des Sportlers.
2. Es entstehen keine starken und unkontrollierbaren Entzugssymptome, wenn der Sport aus objektiven Gründen nicht betrieben werden kann.
3. die selbstregulierende sportliche Tätigkeit (z.B. Ausdauerndes Laufen, Triathlon, usw.) und nicht ein damit im Zusammenhang stehendes Flash- oder High-Erleben steht im Mittelpunkt des

5.1 Modelle und Erklärungsansätze von Sportsucht

Trainings/Wettkampfes (Primärer vs. Sekundärer Kontrollgewinn).

In der sich anschließenden Übergangsphase kann aufgrund eines spezifischen Bindungsdrucks und entsprechender Auslöser (z. B. Sport als Kompensation neuentstandener Selbstvertrauensprobleme) die o. g. Bindung kippen bzw. in eine Suchtphase abgeleitet werden (Schack 2000). In dieser Phase des Modells dominieren Vermeidungsmotive (z. B. Vermeidung von Entzugserscheinungen, Vermeidung sozialer Nähe). Darüber hinaus bekommt die Zielsetzung innerhalb des Trainings übersteigertes Gewicht und tendenziellen Fixierungscharakter. Die abschließende dritte Phase ist durch die Kriterien für Suchtindizien, die spezifisch für Sportsucht betrachtet werden können gekennzeichnet (Ziemainz et al. 2013):

1. Sehr starke »negative« Motivierung (Vermeidung von Entzugssymptomen, Erledigungszwang).
2. Das Motiv, Sport zu treiben, ist das zentrale Motiv (mit Fixierungscharakter). Das Verhalten kontrolliert die Person (zunehmender Kontrollverlust).
3. Es treten starke psychophysische Entzugserscheinungen auf, wenn kein Sport getrieben werden kann.
4. Missachtung körperlicher Signale der Überlastung und in der Folge körperliche Schädigungen.
5. Sozialer Verfall.
6. Größere Beanspruchungsmengen werden benötigt/toleriert.

Im Allgemeinen Prozessmodell zur Entwicklung sportassoziierter Symptome bei primärer Sportsucht von Breuer und Kleinert (2009) sind ebenfalls drei grundlegende Apekte wesentlich:

1. wahrgenommene psycho-physische Effekte von Sport
2. Einstellungen und Aspekte der Persönlichkeit, die mit Sport in Verbindung stehen

3. mit der Sportart verbundene (positive oder negative) soziale Interaktion

Indizien für eine Sportsucht können in diesen drei Funktionen liegen oder in ihrem prozesshaften Ablauf. Im Vergleich zum Ansatz von Schack (2000) wird im Modell von Breuer und Kleinert (2009) die Bedeutung bestimmter Aspekte der Persönlichkeit, die die Entstehung einer Sucht fördern können (noch unklar ob Ursache oder auch Konsequenz), stärker in den Mittelpunkt der Betrachtungen gerückt.

Die bisher genannten Modelle argumentieren eher prozessorientiert und im Fokus stehen immer wieder andere Persönlichkeitsdimensionen bzw. situative Wahrnehmungen und deren Konsequenzen für ein Verhalten. Bisher konnte jedoch kein existierendes mehrdimensionales Modell empirisch belegt werden (Stoll 2017; Schipfer 2015).

Das »Sucht-Bindungsmodell« (SBM)

Ein neueres prozessorientiertes, multidimensionales Modell ist bei Schipfer (2015) zu finden. Die Autorin versucht, in ihrem Modell Konstrukte und theoretische Annahmen aus bisherigen Modellen (hauptsächlich dem von Schack 2000, Grundzüge aus Sachs und Pargman 1984 und Brown 1997) zu integrieren und um folgende Komponenten zu ergänzen:

- Sport als Kompensationsmöglichkeit (funktional und dysfunktional)
- Sportfokussierung

Ausgangspunkt ist auch hier eine gelungene Bindung an eine Sportart (= *Sportbindungsphase*). In dieser Phase kann ein Individuum verweilen – oder aber durch Motivationsänderungen in die Phase der Sportfokussierung wechseln. Dieses Phänomen kann z. B. bei einem Läufer beobachtet werden, der zunächst freizeitorientiert läuft und

5.1 Modelle und Erklärungsansätze von Sportsucht

sich dann entschließt, an Wettkämpfen teilzunehmen. Sind die Wettkämpfe absolviert bzw. der vermeintliche Saisonhöhepunkt überschritten, kann wiederum ein Zurück in die Sportbindungsphase erfolgen.

In eine Sportsuchtphase hingegen gelangt das Individuum, ausgehend von einer Sportbindungs- oder Fokussierungsphase, durch ein kritisches Lebensereignis mit einhergehender Kontrollverlusterfahrung. Folge: subjektives psychisches Ungleichgewicht.

Durch Sport wird das Ungleichgewicht kompensiert, da das Individuum eine Kontrollerfahrung erfährt und einen »hedonic tone« (Lustgefühl) erlebt.

Wird nun sportliche Aktivität verringert und die Probleme bleiben bestehen, entstehen »klassische« Suchtsymptome wie Angespanntheit, Gereiztheit, Konzentrationsstörungen etc.

Erneute sportliche Aktivität kann die Symptome lindern. Die so erreichte erfolgreiche Kompensation und Vermeidung von Entzugserscheinungen und eine Manipulation des »hedonic tone« erhalten die Sucht aufrecht.

Besondere Beachtung wurde, neben den oben genannten Komponenten, bei der Operationalisierung (u. a. durch ein modellbasiertes neues Messinstrument (FESA; Schipfer 2015) möglichen weiteren Prädiktoren geschenkt. Schipfer (2015) postuliert, dass vor allem zwanghafte Leidenschaft und Sorge vor nicht perfekter Leistung (Vallerand et al. 2011) eine wichtige Rolle bei der Entstehung und Aufrechterhaltung von Sportsucht spielt.

Ergebnisse von mehreren Querschnittstudien, die im Rahmen der Arbeit von Schipfer (2015) durchgeführt wurden, scheinen diese Thesen zu bestätigen. In einer parallel durchgeführten Längsschnittstudie zeigten sich jedoch keine bedeutsamen Veränderungen innerhalb eines Jahres (Einzelfälle zeigen jedoch einen stark vom Mittelwert abweichenden Verlauf).

Damit greift die genannte Arbeit eine Forderung von Zeeck et al. (2013) auf. Die Autorengruppe mahnt an, dass für die bisherigen multidimensionalen Modelle (▶ Tab. 5.3) eine finale Operationalisierung durch längsschnittlich angelegte Untersuchungen noch ausstehen

5 Ätiologische und psychosoziale Aspekte der Sportsucht

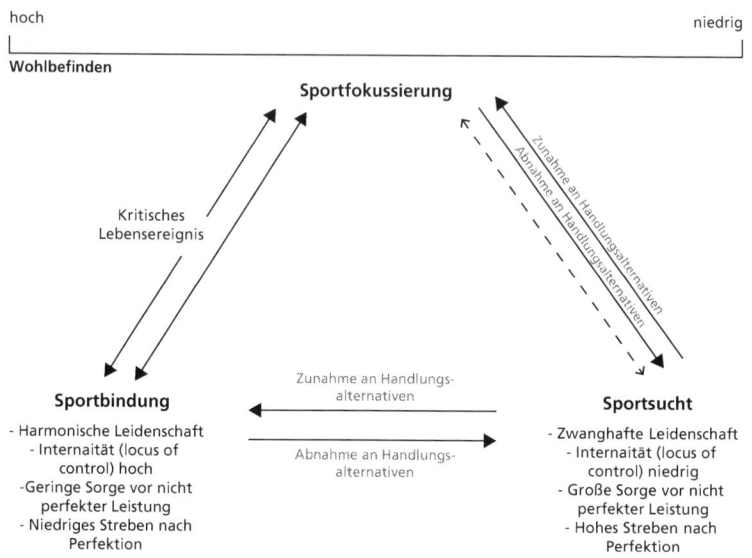

Abb. 5.5: Das Sucht-Bindungs-Modell (vereinfachte Darstellung in Anlehnung an Schipfer 2015)

und so vor allem die Frage offenbleibt, durch welche Einflussfaktoren Menschen in eine Sportsucht abgleiten bzw. diese entwickeln.

Dieser Umstand liegt u. a. immer noch darin begründet, dass (Hausenblas und Symons Downs 2002a, 2002b):

1. Sportsucht als multidimensionales Konstrukt begrifflich sauber erfasst und basierend auf vorhandener Literatur operationalisiert werden muss. Dies, indem man die Kriterien des DSM-5 für Substanzabhängigkeit zu Grunde legt.
2. die Entwicklung von Messinstrumenten (Fragebogen und Interview), auf streng konzeptionellen und theoretischen Rahmenbedingungen basieren muss (vgl. Zeeck et al. 2013).
3. die Mehrzahl der Forschungsarbeiten, die sich mit den kausalen Mechanismen der Sportsucht beschäftigen, auf Korrelationen

basieren. Hieraus ergibt sich die Forderung nach Längsschnittstudien, die vor allem Umgebungsvariablen und zeitliche Einflussfaktoren erfassen.

Tab. 5.3: Multidimensionale prozessorientierte Erklärungsansätze zur Sportsucht

Modell	Inhalte	Referenz
Psychobiologisch	• Sport bewirkt eine positive Verstärkung und Belohnung durch positive Erregung und Affekt, • und eine negative Verstärkung durch Stress- und Angstreduktion	Weinstein und Weinstein (2014)
Participating in running	• aus 4 Quadranten, die je einer Kategorie eines Läufertyps entspricht • Quadrant A: sportsüchtig durch hohes Maß an Bindung und Sucht, Lebensmittelpunkt ist das Laufen • Quadrant B: laufsüchtig, aber nicht vollkommen an Ablaufplan gebunden, sozial- und umgebungsbedingte Faktoren stehen noch über dem Laufen • Quadrant C: Gelegenheitsläufer • Quadrant D: hohes Maß an Bindung zum Sport, jedoch unabhängig von Menge an Sport, Gründe: Gesundheit, Prestige, soziale Aspekte • dynamisches Modell: Quadrant C wird zu B, Quadrant B wird zu Quadrant C; aber auch Rückwärtsbewegung	Sachs und Pargman (1984)
Hedonic Management Model	Ansatz beschreibt verschiedene Stadien der Suchtentwicklung. Das Hedonic Management Model of Addiction basiert auf dem Konzept der kognitiv-sozialen Lerntheorie. Die Sportsucht entwickelt sich nach diesem Modell über sieben Stufen; Hauptgrund für die Entwicklung ist das Verlangen nach einem »hedonic tone« (Aufrechterhalten einer positiven Stimmung)	Brown (1997)
Bindungsmodell	Prozessmodell basierend auf der Grundannahme, dass es für den Sportler grundsätzlich darum geht, Informationen über die Veränderung der psychophysiologischen Zustände (hormonelle Veränderungen, Veränderungen des Herz-Kreislauf-Systems, körperliches	Schack (2000)

5 Ätiologische und psychosoziale Aspekte der Sportsucht

Tab. 5.3: Multidimensionale prozessorientierte Erklärungsansätze zur Sportsucht – Fortsetzung

Modell	Inhalte	Referenz
	Befinden), der Selbstwahrnehmung und Selbstbewertung (Selbstwerterhöhung oder -stabilisierung, Bewertung der eigenen Handlungskontrolle) und der Rahmenbedingungen und Reaktionen aus dem sozialen Umfeld (Trend, Freunde, Gegner) zusammenzuführen.	
Allgemeines Prozessmodell	♦ dient der Erklärung und Entstehung der primären Sportsucht ♦ Drei Tatsachen, die bei jedem Sportler wichtige und positive Funktion besitzen: 1. wahrgenommene psycho-physischen Effekte von Sport 2. Einstellungen und Aspekte der Persönlichkeit, die mit Sport in Verbindung stehen 3. mit der Sportart verbundene (positive oder negative) soziale Interaktion ♦ Indizien für eine Sportsucht können in diesen drei Funktionen liegen oder in ihrem prozesshaften Ablauf	Breuer und Kleinert (2009)
Excessive appetite Model of addiction	♦ hoher Einfluss der Verhaltenspsychologie, des sozialen Lernens und kognitiven Verhaltens ♦ ähnlich wie Brown sieht Orford medizinische Modelle als wenig sinnvoll an ♦ Begriff des »excessive appetite« statt Abhängigkeit	Orford (2001)
Four phase model	♦ 1. Phase: angenehme Aktivität, Verhalten ist unter Kontrolle ♦ 2. Phase: psychologischer Nutzen von Sport ist erkannt und als Copingstrategie für Stress bzw. negative Kognitionen verwendet ♦ 3. Phase: Organisation des Tagesablaufs von Sport abhängig, negative Konsequenzen treten ein, Sport wird eher alleine als in Gruppen ausgeübt ♦ 4. Phase: manifestierte Sucht	Freimuth et al. (2011)

5.1 Modelle und Erklärungsansätze von Sportsucht

Tab. 5.3: Multidimensionale prozessorientierte Erklärungsansätze zur Sportsucht – Fortsetzung

Modell	Inhalte	Referenz
Biopsychosocial for exercise addiction	• für Spitzenathleten konzipiert • biologische Faktoren (z. B. BMI) als Ursache, psychologische und soziale Faktoren Mediatoren für das Eintreten der Sucht	McNamara und McCabe (2013)
Interactional model for exercise addiciton	• betrachtet motivationale Aspekte • Modell repräsentiert den hohen subjektiven Aspekt der Sucht • geht einher mit der Theorie des PACE Modells, jedoch spezifisch für Sportsucht • entscheidend ist die Intention regelmäßigen Trainings • beachtet problematische Lebensereignisse als Trigger für Personen, die schon erhöhtes Risikopotential aufweisen	Egorov und Szabo (2013)
Bio-psychologisches Modell	Sport bewirkt eine positive Verstärkung und Belohnung durch positive Erregung und Affekt und negative Verstärkung durch Stress- und Angstreduktion	Weinstein und Weinstein (2014)
Sucht-Bindungsmodell	• Konstrukte und theoretische Annahmen aus bisherigen Modellen (hauptsächlich dem von Schack, Grundzüge aus Sachs & Pargman und Brown) sind integriert, ergänzt um folgende Komponenten: • Sport als Kompensationsmöglichkeit (funktional und dysfunktional) • Sportfokussierung	Schipfer (2015)

5.2 Sportsucht und Leidenschaft

Jens Kleinert

In diesem Buch wird Sportsucht konzeptuell grundsätzlich als etwas Negatives, Krankhaftes und Behandlungsbedürftiges charakterisiert (► Kap. 2). Diese Charakterisierung basiert im Wesentlichen darauf, dass üblicherweise die Kriterien für klinisch relevante Sucht (ICD-10 [Dilling 2010] oder DSM-5 [American Psychiatric Association 2013]) auf Sportsucht übertragen werden (Adams und Kirkby 2002; Adams et al. 2003; Allegre et al. 2006).

Trotz dieser krankheitsorientierten (und hiermit negativ konnotierten) Sichtweise von Sportsucht wurde diese insbesondere in den Anfängen der Forschung auch als »positive Sucht« bezeichnet (Carmack und Martens 1979; Glasser 1976; De La Torre 1995; Sachs und Pargman 1984), womit verbunden wurde, dass das Sporttreiben grundsätzlich als förderlich eingeschätzt werden kann, z. B. für die Gesundheit oder die Persönlichkeit. Zwischen den Extremen eines gesunden Sporttreibens und einer krankhaften Sportsucht besteht daher vermutlich eine Grauzone, die eine eindeutige Zuordnung von gesund oder krank manchmal erschwert. Um diese Grauzone näher zu beschreiben, hilft das Konzept der Leidenschaft. Das vorliegende Kapitel beschreibt Formen der Leidenschaft und bringt sie in Beziehung zum Phänomen der Sportsucht.

5.2.1 Harmonische und obsessive Leidenschaft

Ebenso wie Sportsucht ist auch das Konzept der Leidenschaft vielschichtig und ambivalent. Leidenschaft ist einerseits im wörtlichen Sinne mit »Leiden« (lateinisch »passio«) verbunden, also mit einer negativen Gefühlslage, die häufig mit dem Erleben von fehlender Kontrolle und Ausgeliefertsein verbunden ist (Vallerand et al. 2003). Andererseits ist Leidenschaft etwas Positives und assoziiert Engage-

5.2 Sportsucht und Leidenschaft

ment, positives Streben, Erfüllung und Glücksgefühle (Vallerand et al. 2003). Aufgrund dieser Ambivalenz entwickelte Vallerand et al. (2003) ein Modell, welches zwei Formen der Leidenschaft unterscheidet: die harmonische und die obsessive Leidenschaft. Harmonische Leidenschaft im Sport geht einher mit einem starken Bedürfnis, Sport zu treiben, wobei dieses Bedürfnis gleichermaßen kontrollierbar ist und angenehm erlebt wird. Zugleich ist harmonische Sportleidenschaft stimmig mit anderen Werten, Zielen oder Bedürfnissen im Leben der Betroffenen und geht mit positiven Gefühlserleben vor, während oder nach dem Sport einher (Philippe et al. 2010; Vallerand 2006).

Obsessive Sportleidenschaft erleben die Betroffenen stark ambivalent. Einerseits fühlen sie sich stark zum Sport hingezogen und beschreiben die Aktivität als bedeutsam oder freudvoll; andererseits ist das Verlangen nach Sport zumindest teilweise auch mit negativen Empfindungen und Gefühlen verbunden, unter anderem durch das Erleben fehlender Kontrolle und ein Gefühl des Gezwungen-Seins (Philippe et al. 2010), was zu einem sozial konfliktreichen und rigiden Verhalten führt (Vallerand et al. 2008). Die Rigidität des Verhaltens zeigt sich daran, dass am Sport auch festgehalten wird, obwohl positive Gefühlserlebnisse ausbleiben oder auch angesichts hoher Kosten oder Nachteile für soziale Beziehungen (Vallerand et al. 2008). Weil Betroffene trotz dieser selbst wahrgenommenen Nachteile am Sport festhalten, erleben sie sich als ohnmächtig, ausgeliefert und passiv, also »as slaves to their passion« (Vallerand et al. 2003, S. 756).

Harmonische und obsessive Leidenschaft sind sowohl in der Praxis als auch in der Forschung nicht immer klar zu trennen. Wenn Sportler »ohne ihren Sport nicht mehr leben können«, dann beinhaltet eine solche Selbstbeschreibung sowohl das Positive (Harmonische) als auch das Gefühl des Zwangs und der Abhängigkeit (Willig 2008). Auch in der Forschung zeigen sich zwischen harmonischer und obsessiver Leidenschaft positive, zumeist mittelhohe Korrelationen, sowohl für Leidenschaft im Allgemeinen ($r=.46$; Vallerand et al. 2003) als auch für Sportleidenschaft ($r=.67$ Curran et al. 2013). Trotzdem konnten

Vallerand et al. (2003) verschiedene Aussagen zu beiden Dimensionen der Leidenschaft faktorenanalytisch trennen (▶ Tab. 5.4).

Tab. 5.4: Aussagen im Leidenschaftsfragebogen (Vallerand et al. 2003) zu harmonischer Leidenschaft (links) und zwanghafter (obsessiver) Leidenschaft (rechts) (Übersetzung durch den Autor dieses Kapitels).

Harmonische Leidenschaft	Zwanghafte Leidenschaft
Sport erlaubt es mir, eine Vielzahl von Erfahrungen zu erleben.	Ich kann nicht ohne Sport leben.
Die neuen Dinge, die ich mit Sport entdecke, lassen mich alles noch mehr wertschätzen.	Das Verlangen ist so stark. Ich kann es einfach nicht lassen, Sport zu treiben.
Sport gibt mir unvergessliche Erlebnisse.	Ich habe Schwierigkeit, mir mein Leben ohne Sport vorzustellen.
Sport spiegelt Eigenschaften wieder, die ich an mir mag.	Ich bin in meinen Gefühlen abhängig vom Sport.
Sport steht harmonisch zu den anderen Aktivitäten in meinem Leben.	Mir fällt es schwer, mein Bedürfnis nach Sport zu kontrollieren.
Für mich ist Sport eine Leidenschaft, die ich weiterhin unter Kontrolle habe.	Ich empfinde es fast als einen Zwang, Sport zu treiben.
Ich gehe vollständig auf im Sport.	Meine Stimmung hängt davon ab, Sport treiben zu können

5.2.2 Zusammenhänge von Sportleidenschaft und Sportsucht

Zwischen 2004 und 2018 wurden sieben Studien durchgeführt, die Zusammenhänge zwischen Sportleidenschaft und Sportsucht betrachteten. Alle Studien zeigen positive und deutliche Zusammenhänge zwischen obsessiver Sportleidenschaft und Sportsucht. In den Studien, die zur Erfassung der Sportsucht das Exercise Addiction Inventory (EAI; Terry et al. 2004) verwendeten, zeigten sich Korrelationen (bzw. beta-Werte) zwischen .48 und .72 (Akehurst und Oliver

2014: .72; Kovacsik et al. 2018a: .54; Kovacsik et al. 2018b: .60; La Vega et al. 2016: .48; Sicilia et al. 2017: .52). Bei Verwendung der Exercise Dependence Scale (EDS; Symons Downs et al. 2004) korrelierten alle Dimensionen der Skala positiv und mittelhoch mit Sportsucht (Paradis et al. 2013; Parastatidou et al. 2014); die stärksten Zusammenhänge zeigten sich zur Dimension Kontrollverlust.

Interessanterweise ergeben sich auch zwischen harmonischer Leidenschaft und Sportsucht in den meisten Studien positive Zusammenhänge. Dies gilt beim Einsatz des EAI (Akehurst und Oliver 2014: .42; Kovacsik et al. 2018a: 45; Kovacsik et al. 2018b: .49) ebenso wie bei Verwendung der EDS (Paradis et al. 2013; Parastatidou et al. 2014). Allerdings fallen die Korrelationen durchweg niedriger aus als im Falle der obsessiven Leidenschaft, und für den EDS bestehen in einer Studie nur für einzelne Subskalen Zusammenhänge (Paradis et al. 2013). Zwei Studien zeigen keine signifikanten Zusammenhänge zwischen harmonischer Leidenschaft und Sportsucht (La Vega et al. 2016; Sicilia et al. 2017).

Zusammenfassend zeigen sich positive Zusammenhänge zwischen obsessiver Sportleidenschaft und Sportsucht, allerdings auch substanzielle (wenn auch geringere) Zusammenhänge von Sportsucht mit harmonischer Leidenschaft. Dieses Ergebnis weist darauf hin, dass Sportsucht für die Betroffenen mit positiven, lebenserfüllenden und befriedigenden Erlebnissen verbunden ist (d. h. sogar Aspekte einer harmonischen Leidenschaft beinhaltet). Dies gilt vermutlich insbesondere in frühen Stadien einer Sportsucht. Auch in späteren Stadien bleiben jedoch vermutlich harmonische Anteile bestehen, die es für Sportsüchtige schwer machen, trotz einer behandlungsbedürftigen Symptomatik eine Behandlung anzustreben.

Die genannten Zusammenhänge von obsessiver Leidenschaft und Sportsucht werden durch verschiedene Faktoren beeinflusst. Einer dieser Einflussfaktoren ist die Zielorientierung, die mit dem Sporttreiben verbunden ist, insbesondere der Wunsch nach sozialer Anerkennung (Sicilia et al. 2017). Je bedeutsamer der Wunsch nach sozialer Anerkennung ist, desto stärker hängen obsessive Leidenschaft und Sportsucht zusammen. Auch die Motivationslage spielt eine Rolle: Eine introjizierte (d. h. durch soziale Normen oder Regeln bestimmte) Motivationslage geht mit höheren Korrelationen zwischen obsessiver Leidenschaft und Sportsucht einher als andere Motivationslagen (Parastatidou et al. 2014). Neben der motivationalen Ausrichtung ist auch die Untersuchungsgruppe ein einflussgebender Faktor: Obsessive Leidenschaft ist im Individualsport und bei Wettkampfsportlern stärker mit Sportsucht verknüpft als im Teamsport oder bei Freizeitsportlern (Kovacsik et al. 2018a; La Vega et al. 2016). Limitationen der beschriebenen Studien ergeben sich grundsätzlich hinsichtlich der untersuchten Gruppen. So wurden Risikopopulationen lediglich in einer Studie untersucht (professionelle Tänzer; Akehurst und Oliver 2014). In zwei Studien wurden Sportstudierende befragt (Sicilia et al. 2017; Paradis et al. 2013); ebenfalls in zwei Studien wurden Fitnessstudiobesucher (Kovacsik et al. 2018a; Parastatidou et al. 2014) und in weiteren zwei Studien Vereinssportler befragt (Kovacsik et al. 2018b; La Vega et al. 2016). Entsprechend niedrig fallen in den meisten Studien die Werte für sowohl obsessive Leidenschaft als auch Sportsucht aus.

5.2.3 Fazit

Das Konzept der Leidenschaft und die Studien zum Zusammenhang von Leidenschaft und Sportsucht lassen die innere Zerrissenheit verstehen, die Sportsüchtige häufig erleben. Sportsüchtige nehmen einerseits wahr, dass ihr Verhalten ihnen in vielerlei Hinsicht schadet (z. B. in sozialer, beruflicher, oft sogar in körperlicher Hinsicht), andererseits wird vieles im Sport auch mit großer Befriedigung oder sogar Erfüllung verbunden und – im Gegensatz zu anderen Suchtformen – in starker Harmonie zum eigenen Selbst. Dieser innere Konflikt zwischen Leidensdruck und Leidenschaft macht sowohl die Diagnose als auch die Therapie der Sportsucht häufig so schwer.

Das Spannungsverhältnis zwischen harmonischer und obsessiver Leidenschaft wird außerdem abhängig vom Entwicklungsstadium einer Sportsucht sein. Während anfangs eher harmonische Komponenten dominieren, überwiegen mit steigender klinischer Relevanz die zwanghaften Anteile. Bezogen auf das therapeutische Vorgehen weist die Ambivalenz der Leidenschaft zugleich darauf hin, dass es für Sportsüchtige nicht darum geht, Sport zu vermeiden, sondern den obsessiven, zwanghaft-motivierten Anteil des Sporttreibens zu reflektieren, zu bearbeiten und zu reduzieren.

5.3 Selbstideal, Körpererleben und Sport

Almut Zeeck

In unserer leistungs- und erfolgsorientierten Gesellschaft haben das Erscheinungsbild des individuellen Körpers und körperliche Fitness einen hohen Stellenwert. Nach dem Zweiten Weltkrieg etablierte sich in einer Zeit des relativen Nahrungsüberflusses und Wohlstands zunehmend ein vor allem für Frauen geltendes Schönheitsideal, welches Schlanksein mit Attraktivität gleichsetzte. Erst später wurde auch das Ideal für Männer »körperlicher«: Als Schönheitsideal galt zunehmend ein sportlicher, muskulöser Körper (McCreary et al. 2007). Im 21. Jahrhundert zeigen dann auch die Bilder von Frauenkörpern zunehmend nicht nur schlanke, sondern gleichzeitig auch athletische Körper (Homan et al. 2012; Thompson et al. 2004). Mit Schlankheit, einem athletischen Äußeren und körperlicher Fitness wurden und werden nicht nur Attraktivität, sondern auch weitere Attribute wie Selbstdisziplin, Jugend, Gesundheit und Erfolg assoziiert (Grogan 2010). Hinzu kommt eine Ideologie, die den Einzelnen dafür verantwortlich macht, sich über gezielte Ernährung und Bewegung selbst gesund zu erhalten (Håman et al. 2017).

Sport, Fitness sowie gesunde Ernährung sind allgegenwärtige Themen und inzwischen ein lukrativer Markt (Håman et al. 2017). Was als gesund gilt, ist jedoch wechselnden Normen unterworfen. Die

Übergänge zu pathologischen Verhaltensweisen sind dabei fließend und oft schwer definierbar. Trainer in Fitnessstudios äußerten in einer Studie zum Beispiel die Angst davor, exzessives und aggressives Trainingsverhalten von Fitnessstudio-Besuchern anzusprechen, weil es zunehmend einer akzeptierten Norm entspricht (Håman et al. 2017). Im Weiteren scheinen Menschen, die ein pathologisches Trainingsverhalten aufweisen, aufgrund der gesellschaftlichen Akzeptanz ihres (Sport-)Verhaltens oft noch von der Familie und Freunden unterstützt zu werden. Interessanterweise ist dies nicht mehr der Fall, wenn sie auch eine Essstörung haben, welche vermutlich eher als Krankheit wahrgenommen wird (Lichtenstein et al. 2017a).

5.3.1 Einfluss sozialer Normen auf Selbstideal und Körpererleben

Soziokulturelle Ideale werden heute neben den Einflüssen durch Eltern und Peers vor allem über Medien vermittelt, wie zum Beispiel das Internet, social media, das Fernsehen, Filme oder Zeitschriften. Es konnte wiederholt gezeigt werden, dass sich das Erleben des eigenen Körpers durch Medieneinfluss verändert: So stieg die Körperunzufriedenheit von Frauen beim Betrachten von Bildern, die sehr schlanke Frauen darstellten, signifikant an (Levine und Murnen 2009).

Eine wichtige Frage ist, wie soziokulturelle Standards zu persönlichen Normen (einem Selbstideal) werden und welche weiteren Faktoren hinzukommen müssen, um das Körpererleben eines Menschen zu beeinflussen. Grundsätzlich werden das Körpererleben und das Körperbild durch biologische, psychische und kulturell-gesellschaftliche Faktoren beeinflusst (Küchenhoff 1992). Der Begriff des Körperbildes umfasst Vorstellungen vom Umfang des eigenen Körpers und seiner Größe sowie seine subjektive Wahrnehmung einschließlich der damit verbundenen Gefühle und Gedanken. Das Körperbild beinhaltet auch Vorstellungen von der eigenen Attraktivität sowie der damit verbundenen Zufriedenheit (Grogan 2010).

5.3 Selbstideal, Körpererleben und Sport

Auf das Körperbild bezogene Konstrukte, die in der wissenschaftlichen Literatur in Zusammenhang mit einer Pathologie untersucht wurden, sind eine Körperunzufriedenheit, eine Körperbildstörung (d. h. eine verzerrte, unrealistische Wahrnehmung des Körpers), ein übertriebenes Streben nach Muskularität oder Schlankheit sowie eine körperbezogene Scham oder Intoleranz gegenüber der eigenen Erscheinung. Diese Konstrukte wurden wiederum mit problematischen Verhaltensweisen wie exzessivem Krafttraining oder Diätverhalten in Verbindung gebracht.

Es gibt verschiedene theoretische Modelle, welche herangezogen werden können, um Zusammenhänge zwischen soziokulturellen Faktoren und einer Körperunzufriedenheit zu erklären wie die »Theorie des sozialen Vergleichs« (Festinger 1954), das »Tripartite Influence Model« (Thompson et al. 1999) oder die »Objektivierungs-Theorie« (Fredrickson und Roberts 1997). Die Theorie des sozialen Vergleichs geht zum Beispiel davon aus, dass Menschen sich mit anderen – oder auch Bildern aus den Medien - vergleichen, um sich bezogen auf das eigene Selbst orientieren zu können. Dabei kann es durch einen sogenannten »Aufwärts«-Vergleich dazu kommen, dass ein Vergleich mit Bildern attraktiverer (schlankerer, männlicherer etc.) Menschen zu einer Unzufriedenheit mit sich selbst und dem eigenen Körper führt. Die Objektivierungstheorie postuliert bezogen auf Frauen, dass diese in unserem sozio-kulturellen Kontext von klein auf lernen, sich wie von außen zu betrachten und zu bewerten – vor allem bezogen auf den eigenen Körper.

Auch psychoanalytische Konzepte befassen sich mit dem Körpererleben und der Funktion des Körpers im Rahmen innerpsychischer sowie gesellschaftlicher Regulationsprozesse. So wird in der Narzissmustheorie eine Konzentration auf den Körper und seine mögliche Modifikation als ein Kompensationsversuch (»narzisstische Plombe«) bei einer labilen Selbstwertregulation verstanden (Kohut 1973; Küchenhoff 2012).

Sowohl bei Frauen als auch bei Männern scheint ein negatives Selbstwerterleben mit einer kritischen Selbstbetrachtung, die durch Scham und Unsicherheit bezüglich der eigenen Erscheinung ausgelöst wird, in Zusammenhang zu stehen (Choma et al. 2010). Es konnte im Weiteren gezeigt werden, dass ein negatives Selbstwerterleben sowie eine Verinnerlichung soziokultureller Normen Risikofaktoren für riskante, den Körper verändernde Verhaltensweisen bei Jungen (z. B. Bodybuilding und Steroidmissbrauch) und für Essstörungen bei Mädchen darstellen (Grogan 2010). Männer, die sich an einem idealen »männlichen« Körperbild orientieren und sich intensiv mit anderen Männern vergleichen, weisen eine stärkere, auf die eigene Muskularität bezogene Körperunzufriedenheit auf (Karazsia und Crowther 2009). Ferner scheint die Identifikation mit traditionellen Frauen- und Männerrollen von Bedeutung zu sein, welche bei Männern zu der Sorge führen kann, nicht muskulös genug zu sein (Murray et al. 2013b; Smolak und Stein 2010).

Karazsia et al. (2013) fassten die bislang vorliegende Literatur zur Internalisierung sozialer Normen bei der Entwicklung von Körperunzufriedenheit und riskanten Verhaltensweisen (wie exzessivem Sport oder Diätverhalten) zusammen. Sie fanden dabei Hinweise darauf, dass eine stabile, zeitüberdauernde Verinnerlichung von Idealen, also dem Ideal, schlank und athletisch sein zu müssen, Individuen für einen sozialen Druck und eine Körperunzufriedenheit anfälliger macht. Sie weisen gleichzeitig darauf hin, dass die Verinnerlichung sozialer Normen dann stärker ist, wenn ein hoher sozialer Druck ausgeübt wird. Dadurch kann es auch direkt und ohne vorangegangene zeitüberdauernde Verinnerlichung dieser Ideale zu einer stärkeren Körperunzufriedenheit und problematischen Verhaltensweisen kommen.

5.3.2 Selbstideal und Sportsucht

Bislang findet sich kaum Literatur, die sich mit den Auswirkungen der Verinnerlichung eines athletischen Selbstideals auf das Sportverhalten von Menschen beschäftigt (Homan 2010). Vor allem mögliche Zusammenhänge mit der Entwicklung einer Sportsucht sind weitgehend unklar. Erste Befunde weisen darauf hin, dass ein verinnerlichtes athletisches Ideal ebenso wie ein schlankes Schönheitsideal und

5.3 Selbstideal, Körpererleben und Sport

die Angst vor sozialer Bewertung des eigenen Körpers das Risiko für pathologisches Sporttreiben bzw. eine Sportsucht erhöhen (Cook et al. 2015; Homan 2010). Dabei scheinen Persönlichkeitszüge wie Extraversion und Gewissenhaftigkeit eine zusätzliche Rolle zu spielen (Martin und Racine 2017). Interessant wäre es, in diesem Zusammenhang auch den möglichen Einfluss weiterer Faktoren wie einer starken Leistungsorientierung und einem Angewiesensein auf Anerkennung durch Andere zu untersuchen. Die bisherigen Befunde beziehen sich vor allem auf Individuen, bei denen es um pathologisches Sporttreiben im Rahmen einer Essstörung geht. Man kann nur annehmen, dass sie auch für Menschen mit einer primären Sportsuchtproblematik zutreffen.

Beim Selbstideal kann man einerseits den Aspekt der äußeren körperlichen Erscheinung betrachten und die Frage, ob eine Idealvorstellung vom eigenen Körper von dem abweicht, wie man den eigenen Körper aktuell erlebt. Andererseits kann auch grundlegender nach den Idealvorstellungen vom eigenen Selbst und der eigenen Identität gefragt werden: Weicht die Vorstellung davon, wer jemand sein will, von dem ab, wie er sich derzeit erlebt?

Wenn man ein athletisches Selbstideal vor allem auf die *äußere Erscheinung* bezieht, kann eine Abweichung des eigenen Körperbildes von diesem Ideal zu einer Körperunzufriedenheit führen (s. o.). Eine Körperunzufriedenheit spielt bei der Muskeldysmorphie und bei Essstörungen ätiologisch eine zentrale Rolle. Welche Bedeutung eine Körperunzufriedenheit bei der Entstehung der primären Sportsucht hat, ist hingegen noch wenig wissenschaftlich untersucht.

Fasst man das Konzept eines athletischen Ideals deutlich breiter und fragt nach der Bedeutung von Sport und Bewegung für das *Selbstkonzept und die eigene Identität*, lassen sich hingegen erste wissenschaftliche Befunde bezogen auf eine Sportsucht finden. Eine »Sportidentität« (im Englischen wird von »exercise identity« gesprochen) erwies sich im Zusammenspiel mit weiteren Faktoren als Risikofaktor für eine Sportsucht (Cook et al. 2015; Murray et al. 2013b). Dies ist auch deshalb naheliegend, da sich eine Sportsucht aus einer intensiven sportlichen Aktivität heraus zu entwickeln scheint und die

Überwertigkeit, welche der Sport bekommt, ein zentrales Merkmal der Sportsucht ist (▶ Kap. 1.2). Beim jetzigen Kenntnisstand muss jedoch offen bleiben, ob eine grundlegende Unsicherheit hinsichtlich der eigenen Identität die Entwicklung einer »Sportidentität« wahrscheinlicher macht.

Zusammenfassend kann man sagen, dass das Ideal eines athletischen, sportlichen Körpers in unserer heutigen Gesellschaft eine große Rolle spielt und intensiv durch die Medien vermittelt wird. Ist ein Individuum für dieses Ideal besonders anfällig und gleichzeitig der Überzeugung, deutlich davon abzuweichen, geht dies vermutlich im Zusammenspiel mit weiteren Faktoren mit einem erhöhten Risiko einher, in einer übermäßigen und ungesunden Art und Weise Sport zu treiben.

6

Diagnostik der Sportsucht

6.1 Fragebögen zur Erfassung der Sportsucht

Jens Kleinert

Sowohl Forschung als auch Praxis erfordern es, Sportsucht zu erfassen, zu messen oder zu diagnostizieren. Zumeist geht es hierbei um die Frage, ob jemand sportsüchtig ist oder nicht bzw. um die Frage, wie stark eine Sportsucht ausgeprägt ist. In der Forschung dient die Beantwortung dieser Fragen dazu, in größeren Stichproben die Häufigkeit der Sportsucht zu bestimmen (d. h. die Prävalenz) oder die Zusammenhänge der Symptome mit anderen Merkmalen (z. B. Persönlichkeitsfaktoren, Leistungsniveau) zu untersuchen. Dagegen ist es in der klinischen Praxis wichtiger, am Einzelfall das Vorliegen und das Ausmaß der Erkrankung festzustellen.

Als Möglichkeiten zur Erfassung von Sportsucht bieten sich grundsätzlich qualitative und quantitative Verfahren an. Die qualitative Diagnostik (insbesondere klinische Interviews, aber auch Verhaltensbeobachtungen; vgl. Davison et al. 2007) bietet die Möglichkeit, am Einzelfall sehr fallspezifische, tiefgehende Informationen zu sammeln, die nicht nur helfen, das Krankheitsbild zu erfassen, sondern auch die Entstehungs- und Begleitumstände zu verstehen. Qualitative Diagnostik ist zumeist zeitlich aufwändig, bedarf einer gewissen Ausbildung und Erfahrung und bietet sich aufgrund ihrer Einzelfallorientierung besonders im klinischen bzw. therapeutischen Kontext an (▶ Kap. 6.2).

Demgegenüber basiert die quantitative Diagnostik überwiegend auf dem Einsatz von Fragebogeninstrumenten (teils werden auch hochstrukturierte Interviews zu den quantitativen Verfahren gezählt; Davison et al. 2007). Diese Fragebogeninstrumente basieren auf einer Serie an Einzelfragen oder Einzelaussagen (d.h. »Items«), die auf theoretischer oder empirischer Basis entwickelt wurden und die Eigenschaften und Merkmale der Sportsucht abbilden. Der Vorteil der Fragebogenmethode besteht in ihrer ökonomischen Anwendung und ihrer hohen Standardisierung. Hinsichtlich des Aufwands können Fragebögen leicht und vor allem zeitsparend durch die Forschenden oder Untersuchenden eingesetzt werden. Hinsichtlich der Standardisierung bestehen alle existierenden Instrumente aus eindeutig vorgegebenen Items und ebenso vorgegebener Antwortskala. Auch die Auswertung der Antworten ist standardisiert und im besten Fall liegen Informationen zur Interpretation der quantitativen Ergebnisse vor (Krauth 1995).

Trotz dieser offensichtlichen Vorteile der Fragebogenmethodik beinhaltet die Arbeit mit Fragebögen einige Besonderheiten, die ihre Anwendbarkeit entweder einschränken oder nur unter bestimmten Bedingungen zulassen. Das vorliegende Kapitel gibt daher eine Übersicht zu verschiedenen Fragebögen im Bereich der Sportsucht (▶ Kap. 6.1.1), beschreibt die Probleme der Methode anhand der

6.1 Fragebögen zur Erfassung der Sportsucht

Gütekriterien für wissenschaftliche Diagnostik (▶ Kap. 6.1.2) und gibt abschließend Empfehlungen für den Umgang mit Fragebögen im Rahmen der Sportsucht (▶ Kap. 6.1.3).

6.1.1 Übersicht zu bestehenden Instrumenten

Tabelle 6.1 gibt eine Übersicht über 21 verschiedene Fragebogeninstrumente, die seit Ende der 1970er Jahre entwickelt bzw. publiziert wurden (▶ Tab. 6.1). Die Instrumente unterscheiden sich insbesondere in Hinsicht auf die Fragebogenstruktur (ein- vs. mehrdimensionale Struktur), den Umfang (Itemzahl), und die Sportspezifik. In Hinsicht auf die Struktur sind acht der Instrumente eindimensional angelegt, sieben besitzen 2–4 Dimensionen und sechs Instrumente 6–8 Dimensionen. Bis auf zwei Ausnahmen sind die eindimensionalen Fragebögen sportartspezifisch (Ausdauersport, Bodybuilding) und aus älterer Zeit (1979–1990). In der Nachfolge wurden eindimensionale Messverfahren eher kritisiert (Davis et al. 1993), da sie die Breite des Phänomens Sportsucht nur teilweise abdeckten, eine differenzierte Aussage nicht zuließen und das Zusammenspiel mehrerer Faktoren nicht abbilden konnten.

Hinsichtlich des Umfangs (d. h. Itemzahl) besitzen die meisten (n=10) der 21 Fragebögen 14–24 Items; vier Instrumente sind sehr kurz (bis 6–8 Items) und vier Instrumente relativ lang (29–49 Items). Die beiden am häufigsten zitierten Fragebögen (vgl. auch Übersicht zu Prävalenzen, ▶ Kap. 3) unterscheiden sich in der Anzahl von Items und Dimensionen. Die »Exercise Dependence Scale« (EDS; Hausenblas und Symons Downs 2002b; Symons Downs et al. 2004; deutsch: Zeeck et al. 2013) besitzt sieben Dimensionen mit insgesamt 21 Items, während das »Exercise Addiction Inventory« (EAI, Terry et al. 2004; deutsch: Ziemainz et al. 2013) eindimensional ausgerichtet ist und nur sechs Items besitzt. Aufgrund dieses Charakters als Kurzinstrument eignet sich das EAI eher als Orientierung oder im Rahmen von Screeninguntersuchungen, weniger jedoch zur genaueren Diagnostik.

Die Entwicklung der derzeit üblichen Instrumente (EDS, EAI) basiert im Wesentlichen auf der Systematik von Abhängigkeitskriterien (vgl. DSM-5; American Psychiatric Association 2013); vereinzelt wurde allerdings auch auf Expertenmeinungen, Interviews oder Fallstudien zurückgegriffen (z. B. Lyons und Cromey 1989; Sachs und Pargman 1979). Instrumente, die sich auf die Systematik des DSM-5 (bzw. DSM-IV) beziehen, orientieren sich an folgenden sieben Leitkriterien: Toleranz, Entzugssymptome, Non-Intentionalität, Kontrollverlust, Zeitaufwand, (Sozialer) Konflikt und Beharren/Zwang (vgl. Adams und Kirkby 2002; Allegre et al. 2006; Hausenblas und Symons Downs 2002b).

Der Nachweis der modelltheoretischen Struktur konnte häufig nicht erbracht werden (Morrow und Harvey 1990) oder Strukturen wurden erst nachträglich auf der Basis von explorativen Faktorenanalysen dargestellt (Davis et al. 1993; Loumidis und Wells A. 1998; Yates et al. 1999), was aufgrund der mangelnden theoretischen Vorüberlegungen fraglich erscheint. Nicht unkritisch ist es auch, verschiedene Verfahren zu neuen Instrumenten zu kombinieren (Schipfer 2015), da zwischen den Instrumenten häufig keine theoretische Passung besteht.

6.1.2 Güte von Sportsuchtfragebögen

Die Gütekriterien psychologischer Testverfahren lassen sich in Hauptgütekriterien und Nebengütekriterien unterscheiden. Hauptgütekriterien sind Objektivität, Reliabilität und Validität. Zu den Nebengütekriterien gehören Fragen der Skalierung, Normierung, Testökonomie, Nützlichkeit, Zumutbarkeit, Unverfälschbarkeit und Fairness (Kubinger 2003).

Von den genannten Gütekriterien ist im Falle von Sportsuchtfragebögen die Validität, also die Frage, ob das Instrument »Sportsucht« angemessen abbildet und erfasst, von besonderer Bedeutung. Bereits die Augenscheinvalidität (face validity) einzelner Items ist teils fraglich. So scheint es kaum ein Kriterium von Sportsucht zu sein, wenn man sich bewegt, um sich weniger angespannt zu fühlen (Symons Downs et al. 2004); auch die Erfassung gesundheitlicher Motive (vgl. Schipfer 2015) hat vermutlich nur sehr indirekt mit dem Konzept Sportsucht zu tun. Schließlich wird kritisiert, dass einzelne Items in Fragebögen keine Trennung zwischen Sportsüchtigen und Hochleistungssportlern zulassen (Zeeck et al. 2013). Dahingegen können viele Instrumente zeigen, dass sie entweder Zusammenhänge mit ähnlichen Instrumenten (konvergente Validität) bzw. Unterschiede zu unähnlichen Instrumenten aufweisen (divergente Validität) (Müller et al. 2013; Zeeck et al. 2013; Zeeck et al. 2017; Ziemainz et al. 2013). Demgegenüber ist bislang die Vorhersage anderer Krankheitsbilder (Vorhersage- oder Kriteriumsvalidität) nur selten belegt (z. B. für die Essstörung, vgl. Zeeck et al. 2013; Zeeck et al. 2017). Hinweise auf Validität ergeben sich schließlich auch aus dem Zusammenhang zwischen unterschiedlichen Sportsuchtfragebögen (für den EDS und EAI s. Mónok et al. 2012) sowie aus ähnlichen Prävalenzschätzungen (Egorov und Szabo 2013).

6.1.3 Sportsuchtfragebögen in der klinischen Diagnostik

Der Einsatz von Fragebögen in der klinischen Diagnostik zur Einschätzung einer Therapiebedürftigkeit oder der Ausrichtung einer Therapie ist zumindest fraglich. Dies liegt einerseits daran, dass zumeist eine »klinische Validität« der Instrumente fehlt; zum anderen daran, dass kaum Normierungen vorliegen, die eine klinische Beurteilung verlässlich zulassen.

Klinische Validität

Mit »klinischer Validität« ist an dieser Stelle gemeint, dass Sportsucht in Ausprägungen erfasst wird, durch die eine klinische Beurteilung möglich wird (► Kap. 6.2). Diese Ausprägungen orientieren sich nach dem aktuellen Stand der Bestimmung von Sportsucht nach den Kriterien des DSM-5 (American Psychiatric Association 2013). Das derzeit einzige

Instrument, das diese Beurteilung zulässt, ist die EDS (Hausenblas und Symons Downs 2002b; Symons Downs et al. 2004; deutsch: Zeeck et al. 2013). Zwar ist auch das EAI (Terry et al. 2004; deutsch: Ziemainz et al. 2013) nach den Kriterien des DSM-5 strukturiert, das Instrument ermöglicht allerdings keine Einzelbeurteilung der DSM-5-Kriterien, da jedes Kriterium nur mit einem Item repräsentiert ist.

Neben den DSM-5-Kriterien fehlen in Sportsuchtfragebögen üblicherweise weitere Informationen, die im Rahmen einer klinischen Diagnose wichtig sind. So wird beispielsweise nur in Ausnahmefällen der Leidensdruck oder die Krankheitseinsicht erfasst (»insight into problem«; Ogden et al. 1997). Auch Rahmen- oder Entstehungsbedingungen bleiben unberücksichtigt (z. B. soziales Umfeld, Lebenssituation, Sportbiografie). Schließlich lässt der Fragebogen im Vergleich zur Interviewsituation keine Hinweise auf die sogenannte Qualifizierung einer Aussage zu (d. h. die Ehrlichkeit, Überzeugung, Widerspruchsfreiheit).

Cut-Off-Werte, also Werte, die Kranke von Gesunden trennen, liegen nur für wenige Instrumente vor (z. B. die EDS oder das EAI); sie fallen je nach Autor zudem unterschiedlich aus (Mónok et al. 2012) und sind vor allem unzureichend validiert. Eine solche Validierung würde über ein klinisches Außenkriterium (z. B. ein diagnostisches Interview) feststellen, mit welcher Wahrscheinlichkeit ein Wert über dem Cut-off tatsächlich einer positiven Diagnose (d. h. Erkrankung) entspricht (Sensitivität) oder mit welcher Wahrscheinlichkeit ein Wert unterhalb des Cut-off einer negativen Diagnose (d. h. Gesundheit) entspricht (Spezifität). Solche Untersuchungen der Sensitivität und Spezifität stehen noch aus. Stattdessen werden Sensitivität und Spezifität durch den Vergleich verschiedener Fragebögen berechnet, wobei der EDS als der Goldstandard bezeichnet wird (Mónok et al. 2012).

Fazit zum Umgang mit Sportsuchtfragebögen

Die meisten der bestehenden Fragebögen zur Sportsucht sind vor allem für Forschungszwecke entwickelt worden. Ihre Struktur richtet sich nicht in allen Fällen nach den klinischen Kriterien des DSM-5,

6.1 Fragebögen zur Erfassung der Sportsucht

weshalb der Einsatz in der therapeutischen Praxis fraglich ist. Daher wird von den Entwicklern der Instrumente auch hervorgehoben, dass Ergebnisse symptomatische Hinweise liefern und dass aus den Ergebnissen Risikoeinschätzungen möglich sind, jedoch keine Diagnosen (Hausenblas und Symons Downs 2002b; Terry et al. 2004). Für den Umgang mit Sportsuchtfragebögen gilt folgendes zu beachten: Bei der *Auswahl eines Instruments* für die eigene Studie sollte geprüft werden, ob der Fragebogen hinsichtlich seiner Konstruktion und Itemauswahl das Konstrukt der Sportsucht angemessen repräsentiert (Face Validity); auch gilt zu prüfen, ob eventuelle Besonderheiten der zu untersuchenden Gruppe (z.B. Leistungsniveau mit hohem Trainingsaufwand) durch vorhergehende Studien mit dem entsprechenden Instrument oder sogar durch Normierungen berücksichtigt werden können. Hinsichtlich der *Anwendung* ist zu beachten, dass das Instrument für die Untersuchungsgruppe verständlich sein sollte (z.B. altersgemäß). Außerdem geben mehrdimensionale Sportsuchtfragebögen für Forschungsanalysen differenziertere Hinweise und sollten möglichst den eindimensionalen Instrumenten vorgezogen werden (Ausnahmen sind Screening-Untersuchungen im Rahmen epidemiologischer Studien). Schließlich sollten hinsichtlich der Bewertung nach Möglichkeit Sportsuchtfragebögen mit klaren Cut-Offs oder evaluierten Bereichseinteilungen (z.B. unauffällig, symptomatisch, klinisch kritisch) berücksichtigt werden, um bei der Interpretation der Datenlage die klinische Relevanz entsprechend einschätzen zu können.

Tab. 6.1: Sportsuchtspezifische Fragebögen.

Fragebogen	Quelle	Items	Sportart-spezifität	Dimensionalität	Reliabilität
Body Building Dependence Scale	(Smith et al. 1998)	9	Bodybuilding	Mehrdimensional: social-dependence, training-dependence, mastery dependence	Keine Angabe
Commitment to Exercise Scale	(Davis et al. 1993); deutsch: (Zeeck et al. 2017)	8	Keine	Mehrdimensional (2): obligatory dimension, pathological dimension	Gesamt: 0.77
Commitment to Running Scale	(Carmack und Martens 1979)	12	Laufen	Eindimensional	0.93
Compulsive Exercise Test	(Taranis et al. 2011a)	24	keine	Mehrdimensional (5): avoidance, weight control, mood improvement, lack of enjoyment, rigidity	Dimensionen: 0.85, 0.74, 0.82, 0.83; Gesamt: 0.85
Exercise Addiction Inventory (EAI)	(Terry et al. 2004); deutsch: (Ziemainz et al. 2013)	6	keine	Eindimensional	0.84
Exercise Addiction Inventory – Youth (Jugendversion des EAI)	(Lichtenstein et al. 2018)	6	Keine	Eindimensional	0.70

Tab. 6.1: Sportsuchtspezifische Fragebögen. – Fortsetzung

Fragebogen	Quelle	Items	Sportart-spezifität	Dimensionalität	Reliabilität
Exercise and Eating Disorder Questionnaire	(Danielsen et al. 2018)	18	Keine	Mehrdimensional (4): compulsive exercise, positive and health exercise, awareness of bodily signals, weight and shape exercise	Dimensionen: 0.92, 0.89, 0.88, 0.72
Exercise Beliefs Questionnaire	(Loumidis und Wells A. 1998)	21	Keine	Mehrdimensional: social desirability, physical appearance, mental and emotional functioning, vulnerability to disease and ageing	Dimensionen: 0.87, 0.83, 0.89, 0.67
Exercise Dependence and Elite Athletes Scale	(McNamara und McCabe 2013)	24	Keine	Mehrdimensional (6): unhealthy eating behavior, conflict and dissatisfaction, more training, withdrawal, emotional difficulties, continuance behavior	Dimensionen: 0.80, 0.70, 0.60, 0.81, 0.70, 0.65; Gesamt: 0.82

Tab. 6.1: Sportsuchtspezifische Fragebögen. – Fortsetzung

Fragebogen	Quelle	Items	Sportart-spezifität	Dimensionalität	Reliabilität
Exercise Dependence Criteria	(Howard 2002); (Zmijewski und Howard 2003)	14	keine	Mehrdimensional (7): tolerance, withdrawal symptoms, withdrawal relief, loss of control, desire to cut down, great deal of time, salience, continued use despite problems	Keine Angabe
Exercise Dependence Questionnaire	(Odgen 1997)	29	Keine	Mehrdimensional (8): interference with social/family/work life, positive reward, withdrawal symptoms, exercise for weight control, insight into problem, exercise for social reasons, exercise for health reasons, stereotyped behaviour	Dimensionen: 0,81, 0,80. 0,80, 0,78, 0,76, 0,76, 0,70, 0,52; Gesamt: 0,84
Exercise Dependence Scale (EDS)	(Hausenblas und Symons Downs 2002b)	30	keine	Mehrdimensional (7): tolerance, withdrawal, continuance, lack of control, reduction in other activities, time, intention effects	Gesamtreliabilität von fünf Stichproben: 0,93, 0,92, 0,94, 0,94, 0,95

Tab. 6.1: Sportsuchtspezifische Fragebögen. – Fortsetzung

Fragebogen	Quelle	Items	Sportart-spezifität	Dimensionalität	Reliabilität
Exercise Dependence Scale – Revised (EDS-R)	(Symons Downs et al. 2004); deutsch: (Müller et al. 2013; Zeeck et al. 2013)	21	keine	Mehrdimensional (7): tolerance, withdrawal, continuance, lack of control, reduction in other activities, time, intention effects	Dimensionen: 0.78, 0.90, 0.90, 0.82, 0.75, 0.86, 0.89; Gesamt: 0.89
Exercise Orientation Questionnaire	(Yates et al. 1999)	49	Keine	Mehrdimensional (6): self control, orientation to exercise, self loathing, weight reduction, identity, competition	Dimensionen: 0.87, 0.82, 0.74, 0.75, 0.78, 0.76; Gesamt: 0.92
Exercise Salience Scale	(Morrow und Harvey 1990); (Kline et al. 1994)	40	Keine	Mehrdimensional (2): response omission anxiety, response persistence	Keine Angabe
Muscle Dysmorphic Disorder Inventory	(Hildebrandt et al. 2004); deutsch: (Zeeck et al. 2018)	13	Bodybuilding	Mehrdimensional (3): drive for size, appearence intolerance, functional impairment	Dimensionen: 0.85, 0.77, 0.80; Gesamt: 0.81
Negative Addiction Scale	(Hailey und Bailey 1982)	14	Laufen	eindimensional	Keine Angabe

Tab. 6.1: Sportsuchtspezifische Fragebögen. – Fortsetzung

Fragebogen	Quelle	Items	Sportart-spezifität	Dimensionalität	Reliabilität
Obligatory Exercise Questionnaire	(Pasman und Thompson 1988)	21	Laufen, Bodybuilding	eindimensional	0,96
Obligatory Running Questionnaire	(Blumenthal et al. 1984), (Pasman und Thompson 1988)	21	Laufen	eindimensional	Keine Angabe
Running Addiction Scale	(Rudy und Estok 1989)	17	Laufen	eindimensional	0,66
Running Addiction Scale	(Chapman und De Castro J. M. 1990)	11	Laufen	eindimensional	0,82

6.2 Klinische Diagnostik der Sportsucht

Jens Kleinert, Almut Zeeck und Heiko Ziemainz

Die klinische Perspektive auf das Phänomen Sportsucht fokussiert die Sportsucht als psychische Erkrankung. Diese Fokussierung beinhaltet die Frage, ab wann Auffälligkeiten im Bereich des Sporttreibens oder der körperlichen Aktivität als »krankhaft« bezeichnet werden können. Diese Frage der Abgrenzung zwischen gesund und krank war in der Geschichte der Sportsucht von jeher relevant und zugleich schwierig, was auch daran erkennbar ist, dass teils von »positiver« Sucht (Carmack und Martens 1979; Glasser 1976; De La Torre 1995) gesprochen wurde. Diese Betrachtung einer Sucht als »positiv« ist aus klinischer Sicht problematisch bzw. falsch. Suchtverhalten geht für die Betroffenen mit starken Beeinträchtigungen einher und führt zu Störungen auf körperlicher, psychischer und sozialer Ebene. Aufgrund der Krankheitsorientierung des Begriffs Sucht ist es entscheidend festzulegen, ab wann von einer Sportsucht im Sinne einer klinisch relevanten Erkrankung gesprochen werden kann. Hierin liegt das Ziel der klinischen Diagnostik von Sportsucht.

In Kapitel 2.2 dieses Buches wurde deutlich gemacht, dass die Orientierung für eine klinische Diagnostik der Sportsucht die anerkannten Suchtkriterien des ICD-10 bzw. DSM-5 sind (▶ Kap. 2.2). Auch in der vorläufigen Fassung der ICD-11 (WHO 2019) ist Sportsucht nicht als eigenständiges Krankheitsbild aufgenommen. Die Sportsucht besitzt zwar keinen eigenständigen Kriterienkatalog in diesen Klassifikationssystemen, wird aber von den meisten Experten an den generellen Kriterien für Sucht gemessen (Davison et al. 2007; De Coverley Veale 1987; Hausenblas und Symons Downs 2002a). Hiermit besteht eine wesentliche Aufgabe der klinischen Diagnostik darin, die grundsätzlichen Kriterien von suchtartigem Verhalten möglichst objektiv zu erfassen. Diese Kriterien sind dem DSM-5 nach in elf Facetten beschreibbar, von denen sieben in der vorliegenden Literatur zur Sportsucht herausgestellt werden, nämlich Toleranz, Entzugssymptome, Non-Intentionalität, Kontrollverlust, Zeitaufwand, (sozialer) Konflikt und Beharren/Zwang (▶ Kap. 2.2, ▶ Tab. 2.1; Adams und Kirkby 2002; Allegre et al. 2006; Hausenblas und Symons Downs 2002a). Im vorliegenden Kapitel beschreiben wir vier Methoden, durch die in der klinischen Arbeit der Krankheitswert einer bestehenden Symptomatik festgestellt werden kann. Diese Methoden liegen in der schriftlichen Befragung (durch Fragebögen), in der mündlichen Exploration (mittels Interview), in der direkten oder indirekten Beobachtung (durch den Therapeuten selbst oder durch Berichte Dritter, z. B. Partner, Trainer) und letztlich auch in der körperlichen Diagnostik. Alle Informationen, die mittels dieser vier Methoden erfasst werden, werden im besten Fall zusammengetragen, verglichen und es wird eine Abwägung der Gesamtsituation vorgenommen. Diese Gesamtabwägung kann bestimmten Meta-Kriterien (Kleinert et al. 2013) folgen, die eine übergeordnete Orientierung erleichtern.

6.2.1 Meta-Kriterien der klinischen Diagnose

Der diagnostische Prozess ist ein komplexes Verfahren, in dem unterschiedliche Informationen über den einzelnen Fall (z. B. Fragebogenergebnisse, diagnostisches Interview, Beobachtung und Eindruck vom Patienten, Rahmenbedingungen, körperliche Daten) auf einer übergeordneten Ebene betrachtet und in Verbindung gebracht werden (Davison et al. 2007). Diese Verbindung aller Informationen kann nach übergeordneten Kriterien organisiert sein, die im Folgenden dargestellt werden.

Anzahl an Symptomen

Die genannten Suchtkriterien müssen nicht alle zwingend vorliegen, um ein krankhaftes Verhalten zu diagnostizieren (»obligate« Kriterien). Daher spielt die Anzahl der nachgewiesenen Suchtkriterien im Rahmen der klinischen Diagnostik eine Rolle. Hierzu wurde von Hausenblas und Symons Downs (2002a) vorgeschlagen, dass von den

6.2 Klinische Diagnostik der Sportsucht

sieben genannten Kriterien drei oder mehr Kriterien vorliegen müssen, um eine Sportsucht annehmen zu können. Im aktuellen Katalog des DSM-5 wurde festgelegt, dass eine »milde« Symptomatik bei 2–3 Kriterien, eine »moderate« Sucht bei 4–5 Kriterien und eine »schwere« Symptomatik bei 6 und mehr Kriterien vorliegt (▸ Kap. 2.2, ▸ Tab. 2.1). Ein derartiges Vorgehen geht davon aus, dass die genannten Symptome gleichgewichtig sind. Stattdessen schlagen Allegre et al. (2006) vor, Symptome nicht nur nach Zahl, sondern auch nach deren Bedeutsamkeit im Rahmen des Krankheitsgeschehens *individuell* zu gewichten. Die Gewichtung könnte sich beispielsweise daran orientieren, welche Konsequenzen das entsprechende Kriterium für das Leben, die Anpassungsfähigkeit und die persönliche Entwicklung des Betroffenen hat (s. weiter unten »Potenzial für Entwicklungsstörung«). Demnach obliegt es letztlich der mehrseitigen Betrachtung des Diagnostikers, nicht nur die Anzahl von Symptomen oder Kriterien, sondern auch ihren jeweiligen Krankheitswert in eine Gesamtdiagnose einzubeziehen.

Symptomstärke

Die Stärke eines Symptoms spielt in zweierlei Hinsicht eine große Rolle in der klinischen Diagnostik. *Erstens* wird von der Stärke oder vom Ausmaß eines Symptoms abhängig gemacht, ob es von klinischer Relevanz ist. Genauer gesagt wird also über die Symptomstärke festgestellt, ob ein Suchtkriterium vorliegt oder nicht. Beispielsweise ist eine Vernachlässigung sozialer Beziehungen nicht gegeben, wenn »ab und zu mal« einem Familientreffen nicht beigewohnt wurde. Wenn aber ständig Streit wegen mangelnder Beteiligung am Familienleben auftritt, würde das Kriterium der Vernachlässigung sozialer Beziehungen zutreffen. *Zweitens* sind neben der Einschätzung zur klinischen Relevanz die Symptomstärke oder das Symptomausmaß für die Einschätzung der Krankheitsstärke insgesamt von Interesse (Kleinert 2014). Diese Einschätzung ist wichtig, um Krankheitsverläufe zu beurteilen oder auch Therapieentscheidungen zu treffen. Im letzteren gilt es zum Beispiel zu entscheiden, ob eine ambulante oder stationäre Behandlung besser ist, was auch eine Frage der Krankheitsschwere bzw. Symptomausprägung ist.

In der praktischen Diagnostik sollten zur Erfassung der Stärke eines Symptoms sowohl die Intensität als auch die Häufigkeit eines Verhaltens, eines Gefühls oder eines Gedankens berücksichtigt werden (Kleinert 2014). Hierbei ist die Intensität eines Symptoms eine Schlussfolgerung, die sich aus Patientenäußerungen und dem Eindruck vom Patienten ergibt (Abschnitt zum diagnostischen Interview ▶ Kap. 6.2.2). Bei der Beurteilung von Häufigkeiten muss sich der Diagnostiker zumeist auf die Angaben des Sportsüchtigen verlassen, sollte aber insbesondere bei der Beurteilung von Verhaltenshäufigkeiten die Wahrnehmung Dritter (z. B. Partner, Trainer) hinzuziehen. Zudem ist zu beachten, dass Symptomintensität und -häufigkeit im Falle von Suchterkrankungen interindividuell stark streuen und dass sowohl im Gespräch als auch im Fragebogen das Verständnis über Begrifflichkeiten wie »selten«, »häufig«, »stark« bei Betroffenen sehr unterschiedlich ist. Hier zeigt sich erneut, wie wichtig es ist, aus verschiedenen Quellen und Methoden Informationen zusammenzutragen (Davison et al. 2007).

Leidensdruck

Im Fall der Sportsucht entsteht Leidensdruck, wenn Betroffene spüren, dass das Krankheitsgeschehen (und insbesondere das hiermit verbundene Verhalten) ihnen schadet und ihr Wohlbefinden sowie ihre Entwicklung schädigt. In manchen Fällen kann ein Leidensdruck auch durch die Folgen der Sportsucht verursacht sein (wie durch Probleme in der Beziehung zu wichtigen Anderen) und weniger durch das Sportverhalten selber (siehe z. B. auch Fallbeispiel in ▶ Kap. 7.1). In der Regel geht Leidensdruck mit einer gewissen Krankheitseinsicht einher, die die Folge der Wahrnehmung und Bewertung der Sportsucht darstellt. Patienten mit Leidensdruck erleben häufig Hilflosigkeit, Frustration oder Ängste – in der Summe sind sie emotional betroffen und wünschen sich eine Veränderung und teils, hiermit verbunden, auch eine Hilfe von außen (▶ Kap. 2.1).

6.2 Klinische Diagnostik der Sportsucht

Diese emotionale Betroffenheit und der Leidensdruck sind einerseits im Fall einer Sportsucht wichtige Merkmale, auf der anderen Seite zeigt sich hier die Besonderheit der Sportsucht darin, dass teils offensichtlich krankhaft-süchtiges Verhalten ohne Leidensdruck auftreten kann. In Hinsicht auf die Wichtigkeit des Leidensdrucks als Krankheitsmerkmal gibt das Vorkommen eines großen Leidensdrucks einen bedeutsamen Hinweis darauf, dass die Symptomatik klinisch relevant, also behandlungsbedürftig, ist (DGPPN 2016). In Hinsicht auf den zweiten Aspekt, also das Vorliegen einer Sportsucht ohne Leidensdruck, wird deutlich, wie wichtig eine mehrseitige, weitreichende Diagnostik ist. Es ist nämlich anzunehmen, dass viele Patienten (noch) keinen Leidensdruck empfinden, aber aufgrund anderer Kriterien eine Sucht hochwahrscheinlich vorliegt. In der Zusammenstellung aller Hinweise kann demnach trotz fehlendem Leidensdruck die Sucht klinisch diagnostiziert werden. Die fehlende eindeutige Verbindung zwischen krankhafter Sucht und Leidensdruck lässt sich unter anderem durch die gefühlsmäßige Ambivalenz der Sportsucht erklären (▶ Kap. 5.2).

Bedeutung für die persönliche Entwicklung

Der Krankheitswert einer Sucht hängt in hohem Maße damit zusammen, dass die Sucht die Entwicklung des Betroffenen substanziell beeinträchtigt. Eine solche Beeinträchtigung kann grundsätzlich alle Entwicklungslinien, also die körperliche Entwicklung (z. B. Wachstum, körperliche Anpassung), die psychische Entwicklung (z. B. Selbstwert, Einstellungen, Beziehungen zu anderen Menschen) oder die soziale Entwicklung (z. B. soziale Rolle, gesellschaftliche Aufgaben) betreffen. Störungen der persönlichen Entwicklung werden in der Sportsuchtliteratur auch mit dem Begriff »Maladaptivität« in Verbindung gebracht (De Coverley Veale 1987; Hausenblas und Symons Downs 2002a; Symons Downs et al. 2004). Dahinter verbirgt sich die Überlegung, dass Entwicklung grundsätzlich von Anpassungsprozessen an bestehende körperliche, psychische und soziale Anforderungen abhängt. Diese Anpassungsprozesse sind bei Sportsüchtigen gestört oder verhindert, weswegen von Fehlanpassung (= Maladaptivität) gesprochen werden kann. Aufgrund dieser übergreifenden Bedeutung der Maladaptivität bzw. der Störung der persönlichen Entwicklung wird dieser Aspekt auch als Leitkriterium für die klinische Relevanz der Sportsucht beschrieben (Kleinert et al. 2013). Störungen im Bereich der psychischen, körperlichen und sozialen Entwicklung eines Menschen werden im Rahmen gängiger Definitionen von Sucht (z. B. DSM-5) nur teilweise als Kriterien von Sucht im engeren Sinne betrachtet. Die üblichen Suchtkriterien (▶ Kap. 2.2) besitzen vielmehr mittel- und langfristige Konsequenzen für Störungen der Entwicklung, das heißt die Symptomatik eines Sportsüchtigen beinhaltet ein mehr oder weniger starkes Potenzial dafür die körperliche und psycho-soziale Entwicklung der Patienten zu beeinträchtigen. Dieses Potenzial zur Störung der individuellen Entwicklung zu erkennen ist ein wesentlicher, übergeordneter Aspekt klinischer Diagnostik, der über die bloße Erfassung von Krankheitssymptomen in Hinsicht auf Stärke und Ausmaß hinausgeht. Das Besondere im Bereich der Sportsucht liegt allerdings darin, dass Sporttreiben vom Grunde her auch entwicklungsförderliche Aspekte beinhaltet, weswegen im Rahmen der klinischen Diagnostik möglichst objektiv sowohl entwicklungsstörende als auch entwicklungsförderliche Aspekte des Sport- und Bewegungsverhaltens erfasst und miteinander abgewogen werden sollten.

6.2.2 Methoden der klinischen Diagnostik

Diagnostisches Interview

Um die Diagnose einer Sportsucht stellen zu können, ist ein diagnostisches Interview durch einen klinisch erfahrenen Beurteiler unerlässlich. Fragebögen, welche für ein Screening eingesetzt werden, erlauben nur einen ersten Hinweis darauf, dass eine Sportsucht vorliegen könnte – sind aber alleine nicht ausreichend, um eine Sportsucht sicher zu diagnostizieren.

6.2 Klinische Diagnostik der Sportsucht

Ein diagnostisches Interview dient einerseits der Sicherung der Diagnose, sollte darüber hinaus aber noch weitere Ziele verfolgen:

- Eine Exploration der Hintergründe, die zur Entstehung einer Sportsucht beigetragen haben
- Eine Exploration der Motive, die zum Sporttreiben führen, und die Funktionalität körperlicher Aktivität für das Individuum (z. B. Hilfe bei der Affektregulation)
- Eine Einschätzung der Schwere der Störung und ihrer Folgen (psychischer, körperlicher und sozialer Art)
- Die Erfassung möglicher komorbider Störungen
- Eine Einschätzung der Motivation für eine Therapie

Am Ende eines diagnostischen Interviews steht ggfs. die Indikationsstellung für eine Therapie sowie die Aufklärung des Betroffenen über seine Erkrankung. Ergänzend sollte eine sportmedizinische Untersuchung durchgeführt werden (s. Abschnitt »Körperliche Diagnostik« in diesem Kapitel).

Tabelle 6.2 gibt eine Übersicht über Themen, die ein diagnostisches Interview umfassen sollte, einschließlich beispielhafter Fragen (Kleinert et al. 2013). In Hinblick auf eine Erfassung möglicher komorbider psychischer Erkrankungen sind als Beispiel in der Tabelle orientierende Fragen zu Essstörungen genannt (▶ Tab. 6.2). Es sollte aber darüber hinaus auch nach anderen psychischen Störungen, wie einer Depression, Zwangsstörung, Angsterkrankung (z. B. soziale Phobie) oder Persönlichkeitsstörung gefragt werden. Bei der Diagnostik komorbider Störungen hilft eine Orientierung an den Kriterien, die für die jeweilige Erkrankung gelten, entsprechend der Klassifikationssysteme ICD-10 und DSM-5.

Sehr hilfreich kann es sein, sich das Sportverhalten an einem gesamten Tag exemplarisch schildern zu lassen, einschließlich des psychischen Befindens vorher und nachher.

Tab. 6.2: Übersicht über Themen eines diagnostischen Interviews (modifiziert nach Kleinert et al. 2013)

Interviewbereich	Beispielthemen	Beispielfragen
Verständnis von Hintergründen	Sportbiografie	• »Wie sind Sie zum Sport gekommen?« • »Welche Bedeutung hatten Sport und Bewegung in Ihrer Kindheit und Jugend?« • »Welche Rolle spielt Sport in Ihrer beruflichen Entwicklung?«
	Allgemeine Biografie, biografische Belastungen	• »Welche einschneidenden Erlebnisse und Wendepunkte gab es in Ihrer Lebensgeschichte?« • »Wann begannen Sie intensive Sport zu treiben – und gab es zu diesem Zeitpunkt weitere wichtige Ereignisse in Ihrem Leben?«
Motive/ Funktionalität	Affekt-/ Spannungsregulation; Selbstwertregulation; Vermeidung von Entzugssymptomen; Zwang	• »Warum treiben Sie Sport?« • »Wie geht es Ihnen, wenn Sie keinen Sport treiben können?« • »Welche Wirkung hat Sport darauf, wie Sie sich fühlen?«
Sportverhalten	Quantität; Qualität	• »Wie häufig treiben Sie Sport, welchen Sport – und mit welcher Intensität?« • »Wie viele Stunden nimmt das wöchentlich in Anspruch?« • »Treiben Sie oft länger Sport als beabsichtigt?« • »Wie sehen Ihre Trainingspläne aus – und wie strikt müssen Sie sie einhalten?« • »Was passiert, wenn Sie sich nicht einhalten lassen?« • »Steigern Sie Ihren Sportumfang kontinuierlich?« • »Gelingt es Ihnen, Ihr Sportverhalten zu reduzieren oder vorübergehend auf Sport zu verzichten, wenn Sie dies möchten?«

Tab. 6.2: Übersicht über Themen eines diagnostischen Interviews (modifiziert nach Kleinert et al. 2013) – Fortsetzung

Interviewbereich	Beispielthemen	Beispielfragen
Folgen des Sporttreibens	Innenperspektive	• »Gibt es negative Auswirkungen auf Ihr körperliches Befinden (Verletzungen, Schwächegefühle u. a.)?« • »Welche Auswirkungen hat das intensive Sporttreiben insgesamt auf Ihr psychisches Befinden?« • »Welche Auswirkungen hat das intensive Sporttreiben auf wichtige Beziehungen und Ihre berufliche Entwicklung?« • »Wo glauben Sie, schadet Ihnen Sport in Ihrer persönlichen, familiären oder beruflichen Entwicklung?«
	Außenperspektive	• »Wie bewerten andere Ihre Sportaktivität?«
Komorbide Störungen	Essstörung; Zwangsstörung	• »Treiben Sie Sport, um Gewicht und Figur zu beeinflussen?« • »Wie war Ihre Gewichtsentwicklung in den letzten zwei Jahren? Fühlen Sie sich zu dick?« • »Schildern Sie Ihr Essverhalten anhand eines typischen Tages ...« • »Kontrollieren Sie Ihre Nahrungsaufnahme? Kommt es zu Essanfällen?« • »Erleben Sie das Sporttreiben wie einen Zwang?« • »Haben Sie Schuldgefühle, wenn Sie keinen Sport getrieben haben?«
Krankheitseinsicht; Leidensdruck	Ich-synton oder -dyston?; Änderungsbereitschaft	• »Sehen Sie Ihr Sportverhalten oder Ihre Einstellungen zu Sport als problematisch an?« • »Leiden Sie an Ihrem Sportverhalten bzw. dem Druck, Sport treiben zu müssen?« • »Wie stark ist Ihr Wunsch, etwas an Ihrem jetzigen Sport- und Bewegungsverhalten zu ändern?« • »Wie sehr beeinträchtigen Sie negative Folgen von Sportabstinenz?«

Beobachtung

In Übersichtsarbeiten über diagnostische Instrumente für Verhaltenssüchte werden klinische (Verhaltens-)Beobachtungen meist außen vor gelassen (Albrecht et al. 2007). So führt die Meta-Analyse von Douglas et al. (2008) lediglich eine Studie auf, die Beobachtung als Forschungsmethode im Kontext von Verhaltenssucht (Internetsucht) einsetzt. Auch im Rahmen von bewegungsbezogener Abhängigkeit fehlen Hinweise zur diagnostischen Herangehensweise der (Verhaltens-)Beobachtung (Batthyány & Pritz 2009).

Die eher defizitäre Befundlage verwundert, bei den möglichen Vorteilen, die eine Beobachtung bietet, denn

- sie kann die Zuverlässigkeit von Ergebnissen erhöhen (Horn 2008),
- Beobachtungen können zu unerwarteten Entdeckungen führen und dadurch neue Erkenntnisse schaffen (Horn 2008),
- die Beobachtung des Verhaltens, insbesondere von Mimik, Gestik und Phonik erlaubt Rückschlüsse auf Antriebs- und affektive Qualitäten (Payk 2007),
- diese werden im Vergleich zu sprachlichen Mitteilungen im Zweifelsfall als echter und authentischer bewertet und
- Beobachtungen sind zudem wichtiger Bestandteil einer umfassenden Verhaltensanalyse, was wiederum Teil eines mehrschrittigen diagnostischen Prozesses ist, mit dem Ziel, die wirksamste verhaltenstherapeutische Behandlungsmethode auszuwählen (Payk 2007)

Demgegenüber steht eine Reihe von Nachteilen:

- Fehlbeurteilungen sind aufgrund dispositioneller Beeinträchtigungen des Untersuchers möglich, z. B. Schwankungen in der Aufmerksamkeit infolge von Ermüdung,
- zudem sind systematische Beobachtungsfehler möglich, z. B. vor allem durch unzulässige Vereinfachung eines wahrgenommenen Eindrucks (Halo-Effekt, Mildeeffekt etc.),

6.2 Klinische Diagnostik der Sportsucht

- Beobachtungen sind teilweise sehr subjektiv (Wood & Griffiths 2007), und
- Beobachtung sind teilweise ungeeignet, da nur das Verhalten des Probanden festgehalten wird, aber nicht seine Selbst- und Weltsicht (Parke & Griffiths, 2008).

Grundsätzlich sollte man noch unterscheiden zwischen unterschiedlichen Formen der Beobachtung (Schmidt-Atzert und Amelang 2012):

- direkt vs. indirekt (d. h. über dritte Personen),
- verdeckt vs. offen,
- teilnehmend vs. nicht-teilnehmend und
- Selbst- vs. Fremdbeobachtung
- etc.

Im Kontext von Sportsucht werden Beobachtungen indirekt sein (Kleinert et al. 2013) und sich auf die Fremdbeobachtung (z. B. durch Partner) in natürlichen Umgebungen beziehen. Im stationären Aufenthalt wäre es nach Kleinert et al. (2013) denkbar, Suchterkrankte bei ihrer Sportaktivität zu beobachten und hierbei insbesondere das Affekterleben (z. B. zwanghaft vs. lustvoll) anhand äußerer Beobachtungskriterien (Mimik, Körperhaltung) zu erschließen.

In den meisten Fällen wird sich die Diagnostik auf die *indirekte Beobachtung* stützen. Die Berichte Dritter (z. B. Trainer, Familienangehörige, Partner) sind hier von zentraler Bedeutung. Diese können wichtige Hinweise insbesondere bei der egosyntonen Form der Sportsucht geben, bei der die Krankheitseinsicht des Erkrankten häufig nicht erwartet werden kann (Kleinert et al. 2013).

Bei der Beobachtung, auch und gerade durch Dritte, ist es hilfreich, sich an den Empfehlungen von Schmidt-Atzert und Amelang (2012) zu orientieren:

- Beobachtete Person, Anlass und Zweck der Beobachtung nennen,

- Angaben zu Ort, Umgebungsbedingungen (u. a. anwesende Personen) und Zeit machen,
- Verhalten so konkret beschreiben, dass der Leser eine Vorstellung davon bekommt,
- Verhalten nach Möglichkeit nicht werten,
- die oft unvermeidbare Interpretation als solche kennzeichnen bzw. exemplarisch durch Verhaltensweisen belegen und
- nicht nur Verhalten beschreiben, sondern auch dessen Auslöser und Konsequenzen (z. B. situative Bedingungen).

In Kombination mit den weiteren, in diesem Kapitel skizzierten Verfahren kann konstatiert werden, dass Beobachtungen nützlich sind, sofern man ein umfassendes Bild des Probanden haben möchte. Letztendlich wird im jeweiligen Einzelfall und vor dem Hintergrund der zur Verfügung stehenden Ressourcen abgewogen werden müssen, welche Diagnosetools zur Anwendung kommen.

Fragebogeninstrumente

Fragebögen zur Sportsucht eignen sich zumeist eher für Forschungszwecke als für die Einzelfalldiagnostik in der klinischen Praxis (▶ Kap. 5.1). Insbesondere fehlen Studien zum Vergleich von Fragebogenwerten und klinischen Interviews. Außerdem existieren keine klinisch verlässlichen Cut-Off-Werte, nach denen mit hoher Verlässlichkeit eine Sportsucht angenommen werden kann. Stattdessen basieren Vorschläge von Cut-Offs auf Schätzungen (Symons Downs et al. 2004).

Aufgrund dieser Problematik empfiehlt Kleinert et al. (2013) für die Auswahl, Durchführung und Bewertung von Fragebogeninstrumenten im Rahmen der klinischen Diagnostik der Sportsucht:

1. Es sollte geprüft werden, ob die einzelnen Fragebogenitems stimmig zur relevanten klinischen Symptomatik sind.
2. Es sollte nicht nur ein Gesamtscore berücksichtigt werden, sondern auch die Werte in den jeweiligen Subskalen des Instruments (in

Abhängigkeit von der Bedeutung dieser Subskalen für den Einzelfall).
3. Es sollte geprüft werden, ob Normdaten vorliegen, die dem zu diagnostizierenden Einzelfall entsprechen (z. B. Sportartenprofil, Leistungsstärke) und ob gut belegte Cut-Off-Werte sowie Hinweise zur Sensitivität und Sensibilität existieren.

Körperliche Diagnostik

Neben ihren psychischen Merkmalen ist die Sportsucht per se auch ein körperliches Geschehen. Diese Körperlichkeit ist u. a. durch die hohen Trainings- und Bewegungsumfänge gegeben, die bei Sportsüchtigen vorliegen. Die hiermit einhergehenden körperlichen Belastungen führen zu körperlichen Veränderungen (z. B. von Körpergewicht, Muskelmasse, Leistungsfähigkeit), die es im Rahmen der Diagnostik zu erfassen gilt. Prinzipiell können die Untersuchung des Muskelskelettsystems, der Atmung und des Herz-Kreislauf-Systems (inkl. Trainingszustand) sowie des Allgemeinzustands (inkl. Immunzustand) unterschieden werden.

Hinsichtlich des Muskelskelettsystems sind insbesondere Überlastungsschäden an Gelenken und Muskeln oder frühere bzw. aktuelle Verletzungen bedeutsam. Daher ist die körperliche Untersuchung der Gelenke (z. B. Schwellungen, Schmerzanfälligkeit, Bewegungsumfänge) ein bedeutsamer Faktor. Auffälligkeiten können darauf hinweisen, dass die Patienten sich ständig überfordern oder Verletzungen bagatellisieren oder ignorieren.

Hinsichtlich der Atmung und des Herz-Kreislauf-Systems sind neben einer Basisuntersuchung (z. B. Auskultation, EKG) auch Belastungsdiagnostiken notwendig. Diese Diagnostik ist wichtig, da bestimmte Auffälligkeiten (z. B. unregelmäßiger Herzrhythmus) gerade bei Leistungssportlern unter Belastung verschwinden können. Andererseits ist es wichtig, den Trainingszustand einzuschätzen, da ein Übertrainingssyndrom (Overtraining-Syndrom, OTS, St. Clair Gibson et al. 2006) oder ein erworbenes Trainings-Intoleranz-Syndrom (Aquired Training Intoleranz-Syndrom (ATI; Armstrong

und van Heest 2002) mit (zu) hohen Ausdauerbelastungen einhergehen kann.
Schließlich gehört zur Erfassung des Allgemeinstatus der Patienten sowohl die Erfassung von Basisdaten (z. B. Gewicht, Körpergröße, Fettanteil etc.) als auch die Beurteilung des allgemeinen Gesundheitszustands. Hierbei spielen neben den o. g. Verletzungen insbesondere (wiederholte) Infektionen eine Rolle, die ein Hinweis auf belastungsinduzierte Beeinträchtigungen des *Immunstatus* sein können. Schließlich sind in der allgemeinen medizinischen Anamnese auch die Erfassung von Daten zum Ernährungs- und Schlafverhalten obligat, da solche Informationen Hinweise auf Begleitstörungen (z. B. Essstörungen) oder eine vegetative Symptomatik geben können.

6.2.3 Differentialdiagnostik

Differentialdiagnostisch geht es um die Abklärung einer möglichen psychischen Komorbidität und den Ausschluss einer anderen Primärerkrankung, bei der suchartiges Bewegungsverhalten lediglich ein Begleitphänomen ist (zur Komorbidität ▸ Kap. 4.1). Die häufigsten psychischen Erkrankungen, in deren Rahmen ein suchartiges oder zwanghaftes Bewegungsverhalten auftritt und die Sportsucht als sekundär zu verstehen ist, sind Essstörungen und die Muskelsdysmorphie – Erkrankungen, die mit Körperbildstörungen einhergehen. Ausgeschlossen werden sollte, dass das auffällige Sport- und Bewegungsverhalten ein Symptom im Rahmen einer manischen Episode ist.

7

Therapie und Prävention

7.1 Therapeutische Ansätze bei Sportsucht

Almut Zeeck

Eine Sportsucht als eigenständiges Krankheitsbild ist eher selten. Daher existieren für eine »primäre« Sportsucht bislang keine wissenschaftlich evaluierten Behandlungsprogramme (Kleinert 2014). Dies gilt auch für die Muskeldysmorphie (Cunningham et al. 2017). Anders ist die Situation bei pathologischem Sporttreiben im Rahmen einer Essstörung. Aufgrund der Häufigkeit und klinischen Bedeutung wurden hier erste Therapieansätze entwickelt (Zeeck und Schlegel 2013). Das folgende Kapitel geht zunächst auf die Ziele einer

Therapie sowie auf mögliche Elemente der Behandlung ein. Danach schließt sich ein Abschnitt an, in dem beispielhaft Therapieansätze vorgestellt werden, die für eine Behandlung der Sportsucht beziehungsweise pathologischen Sporttreibens im Rahmen einer Essstörung entwickelt wurden. Abschließend wird auf mögliche Behandlungsansätze bei der Muskeldysmorphie eingegangen.

Der Behandlung einer Sportsucht muss immer eine ausführliche Diagnostik (▶ Kap. 6) vorausgehen (Kleinert 2014). Diese sollte folgendes umfassen:

- Eine ausführliche Exploration des Umgangs mit Sport und körperlicher Aktivität einschließlich einer Prüfung charakteristischer Symptome einer Sportsucht (▶ Kap. 1.2)
- Eine Exploration möglicher Funktionen und Motive (z. B. Affektregulation, Kontrollwünsche, Selbstwertregulation) sowie dysfunktionaler Einstellungen zum Sport
- Den Umgang mit Sport in der Biografie
- Die Einordnung der Entstehung der Sportsucht in einen biografischen Kontext (psychische Entwicklung, Lebensereignisse, Bewältigung von Schwellensituationen)
- Psychische, soziale und körperliche Folgen des problematischen Umgangs mit Sport
- Eine mögliche psychische Komorbidität (z. B. mit einer Essstörung, Depression oder Persönlichkeitsstörung)
- Ausmaß an Motivation für eine Therapie, Leidensdruck

7.1.1 Ziele der Therapie

Das erste Ziel zu Beginn einer Therapie sollte darin bestehen, eine ausreichende Motivation für eine Veränderung zu erarbeiten. Viele Betroffene sehen sich nicht als krank an oder möchten ihr Sporttreiben nicht verändern, weil sie den Sport für ihr seelisches Gleichgewicht als unverzichtbar erleben. Aber auch diejenigen, die die

7.1 Therapeutische Ansätze bei Sportsucht

negativen Auswirkungen ihrer Sportsucht bewusster wahrnehmen, fürchten oft, dass eine Veränderung des Sportverhaltens zu einer Verschlechterung ihrer Stimmung, einem Gefühl von Verunsicherung und dem Verlust von Kontrolle über ihr Leben oder zu Schuldgefühlen führen könnte (▶ Kap. 1.2). Ähnlich wie bei anderen Suchterkrankungen hat das pathologische Verhalten in der Regel eine hohe Funktionalität.

Die Arbeit an der Motivation für eine Behandlung sollte auch psychoedukative Elemente enthalten. Psychoedukation beinhaltet bei der Sportsucht vor allem die Vermittlung von Wissen darüber, was ein gesundes und was ein problematisches Sportverhalten ist. Ein Sportverhalten ist dann als problematisch anzusehen, wenn trotz Verletzungen und Erschöpfung weiter Sport getrieben wird, soziale Verpflichtungen vernachlässigt werden, es unmöglich ist, von rigiden Trainingsplänen abzuweichen und kein Spaß mehr empfunden wird. Als problematisch ist ferner anzusehen, wenn das Motiv zum Sporttreiben nur darin besteht, Gewicht und Figur zu beeinflussen oder psychische Entzugssymptome (Anspannung, negative Stimmung) zu vermeiden.

Die Zielsetzung der eigentlichen therapeutischen Intervention sollte in zwei Bereiche unterteilt werden: Auf der einen Seite geht es um eine Veränderung der Art und Weise, wie Sport getrieben wird, einschließlich der damit verbundenen Kognitionen und Überzeugungen. Auf der anderen Seite sollte an zugrundeliegenden psychischen Problemen gearbeitet werden.

Eine Veränderung der Art und Weise des Sporttreibens kann je nach individueller Problematik folgende Aspekte umfassen:

- Eine Reduktion exzessiven Sporttreibens (also der Quantität)
- Einen flexibleren Umgang mit Trainingsplänen und körperlicher Aktivität (dieser kann z. B. beinhalten, bei Einladungen und familiären Terminen auf das Sportprogramm verzichten zu können)
- Eine Erweiterung des Spektrums an sportlicher Aktivität (z. B. Wechsel zu Sportarten, die mit mehr sozialem Kontakt verbunden sind)

7 Therapie und Prävention

- Eine Veränderung dysfunktionaler Ziele und Erwartungen (z. B. Sport nicht mehr primär nur zur Gewichts- und Selbstwertregulation zu treiben)
- Das Wahrnehmen und Berücksichtigen eigener Belastungsgrenzen; dies beinhaltet auch das Finden einer angemessenen Balance zwischen Aktivität und Erholung/Entspannung

Menschen, die unter einer Sportsucht leiden, bagatellisieren Signale von Erschöpfung und Schmerzen (z. B. auch bei Verletzungen) oder nehmen ihre Belastungsgrenzen gar nicht wahr – spüren also nicht, ab wann ihr Sportverhalten ihrem Körper schadet. Sie kennen zwar Zustände von Erschöpfung, aber nicht mehr Phasen angenehmer Entspannung und Erholung. Eine Verbesserung der Körperwahrnehmung und ein adäquaterer Umgang mit körperlicher Belastung sollte ein weiteres Ziel in der Behandlung sein.

Die psychischen Problembereiche, die mit der Sportsucht in Verbindung stehen, müssen individuell im Rahmen der Diagnostik identifiziert werden. Sie können z. B. Schwierigkeiten in der Selbstwert- und Affektregulation beinhalten, eine ausgeprägte Leistungsorientierung, tiefgreifende Gefühle eigener Insuffizienz oder soziale Ängste.

Eine systemische Perspektive, die den Fokus auf das soziale Bezugssystem richtet, kann ergänzend hilfreich sein, um die Bedeutung der Sportsucht in der Familie und im Kontext naher Beziehungen zu verstehen (Fallbeispiel ► Kap. 7.1.2).

7.1.2 Behandlungskomponenten

Da bislang keine evaluierten Behandlungsmanuale für die Therapie der primären Sportsucht vorliegen (Lichtenstein et al. 2017b), liegt es nahe, auf Elemente existierender Therapieansätze zurückzugreifen, mit denen die bei der Sportsucht relevanten Problembereiche adressiert werden könnten.

Für eine Arbeit an einer Änderung des Sportverhaltens und dysfunktionaler Einstellungen zum Sport können kognitiv-behaviora-

7.1 Therapeutische Ansätze bei Sportsucht

le Therapieansätze hilfreich sein, welche aus dem Bereich der Sucht- und Zwangsbehandlung, oder auch der Essstörungsbehandlung kommen. So ist davon auszugehen, dass ein Selbstmonitoring (»Sporttagebuch«), welches ein »Draufschauen« auf das eigene Tun und damit einhergehend eine Distanzierung ermöglicht, sowie ein wöchentliches Vereinbaren von Verhaltenszielen bei der Behandlung einer Sportsucht hilfreich sind. Auch ein Infragestellen dysfunktionaler Überzeugungen (z. B. der Überzeugung: »je mehr Sport, desto besser«) sollte Bestandteil des Vorgehens sein.

Für die Arbeit an zugrundeliegenden psychischen Problembereichen, wie zum Beispiel Schwierigkeiten mit der Selbstwert- und Affektregulation, der Affektwahrnehmung oder Schwierigkeiten in Beziehungen, liegt es nahe, auf psychodynamische Therapieansätze zurückzugreifen. Es ist ferner anzunehmen, dass körper- oder sporttherapeutische Ansätze, welche an der direkten Körpererfahrung ansetzen, bei der Behandlung der Sportsucht hilfreich sein können. Wie wirksam einzelne Behandlungselemente wirklich sind bzw. wie diese kombiniert werden sollten, müssen in Zukunft empirische Untersuchungen zeigen.

Grundsätzlich kann eine Therapie ambulant (einzeln oder in der Gruppe), tagesklinisch oder stationär erfolgen. Auch zur Frage der Settingwahl gibt es bislang keine Studien. Daher müssen die Kriterien, die auch sonst zu einer Indikationsstellung bei psychischen Erkrankungen hinzugezogen werden, Anwendung finden: Bei hoher Motivation und einer großen Bereitschaft zu einer Verhaltensänderung kann eine ambulante Therapie ausreichend sein. Ein intensiveres Setting wäre dann indiziert, wenn es über mehrere Monate unter ambulanter Therapie zu keiner Veränderung der Symptomatik kommt. Eine stationäre Therapie ist grundsätzlich bei ausgeprägter Komorbidität (z. B. mit einer schweren Depression, Persönlichkeitsstörung oder Essstörung), körperlicher Gefährdung oder starken Ängsten vor einer Veränderung des eigenen Verhaltens indiziert, die ein engmaschiges Monitoring und eine kontinuierliche Supervision und Begleitung notwendig machen. Da stationäre Psychotherapie einen starken Fokus auf Gruppen- und Beziehungserfahrungen hat, wäre eine solche auch in solchen Fällen in Erwägung zu ziehen, in denen soziale Ängste und interpersonelle Probleme eine zentrale Rolle spielen.

Fallbeispiel: Primäre Sportsucht
Ein 45-jähriger Handwerker (Herr M.) stellt sich auf Drängen seines Partners in der Ambulanz vor. Er äußert die Sorge, von seinem Partner verlassen zu werden, wenn er sich nicht in Behandlung begibt. Es käme zu Hause zu starken Konflikten. Sein Partner werfe ihm vor, die Beziehung zu vernachlässigen. Er ärgere sich darüber, dass Herr M. jede freie Minute mit Laufen verbringe und sich zwanghaft mit seiner Ernährung beschäftige. Dies mache ihm auch Sorge.

Herr M. wiegt 60 kg bei einer Körpergröße von 1,87 und weist bei einer sportmedizinischen Untersuchung einen Körperfettanteil von nur noch 7 % auf. Er bemerke selber, dass er körperlich schwächer geworden sei und sich bei der Arbeit nicht mehr konzentrieren könne.

Herr M. schildert einen strikten Tagesauflauf, von dem er nicht abzuweichen versucht: Der Tag beginne mit einem sehr frühen Lauftraining – noch vor der Arbeit, bevor sein Partner wach wird. Zu seinem Betrieb fährt Herr M. mit dem Fahrrad, eine Strecke, für die er über eine halbe Stunde braucht. Nach der Arbeit kann es sein, dass er am Abend nochmals eine Laufeinheit absolviert. An den Wochenenden sind es dann Langstreckenläufe von bis zu 30 oder mehr Kilometern.

Herr M. berichtet, dass er zwei Jahre zuvor begonnen habe, auch auf seine Ernährung zu achten, um seine Leistung zu steigern. Durch die vielen verschiedenen Ernährungstheorien und -ratschläge im Internet sei er inzwischen jedoch sehr verunsichert. Er ernähre sich vegetarisch und habe immer mehr auf Kohlenhydrate verzichtet. Seine tägliche Kalorienaufnahme berechne er sehr genau mit einem Online-Tool. Inzwischen sei dies zu einem Zwang geworden. Weder beim Training noch beim Essen toleriere er eine »Planabweichung«. Eine solche führe zu Schuldgefühlen, Anspannung und einer gedrückten Stimmung.

Sport war für Herrn M. immer wichtig. Früher habe er Handball gespielt. Als junger Erwachsener entdeckte er sein Talent beim Laufen und gewann erste Wettkämpfe, was sein Selbstbewusstsein stärkte. Er blieb dabei und genoss das Laufen auch als Ausgleich zur Arbeit und den täglichen Anforderungen. Er schildert sich als Einzelgänger, dem der Laufsport sehr entgegenkomme.

Herr M. wuchs unter schwierigen Umständen auf. Der alkoholabhängige Vater schlug ihn und seine zwei Schwestern regelmäßig. Er bekam wenig Unterstützung von Seiten der Eltern. Seine Mutter erlebte er als ängstlich und überfordert. Handballspielen gab ihm einen gewissen Halt. Sein Selbstwertgefühl sei seit der Kindheit schlecht gewesen. In der Schulzeit zog er sich zurück, mied den Kontakt mit anderen. Den Schulabschluss schaffte er gerade so und absolvierte dann eine Lehre. Als wichtigste positive Erfahrung schildert Herr M. die Beziehung zu seinem Partner, den er mit 20 Jahren kennenlernte. Er habe bis heute immer zu ihm gehalten.

Als es in seinem Betrieb in den letzten zwei Jahren viele Konflikte mit Mitarbeitern gab, fühlte Herr M. sich zunehmend belastet. Er intensivierte sein Lauftraining, und die Beschäftigung mit der eigenen Ernährung nahm immer mehr Raum ein.

Die Drohung seines Partners, ihn zu verlassen, veranlasste Herrn M., über seine Situation nachzudenken. Obwohl er dies als Versagen erlebte und große Bedenken hatte, ließ er sich auf eine Psychotherapiestation aufnehmen.

Behandlungsverlauf

Es wurden folgende Behandlungsziele vereinbart: Eine Veränderung des pathologischen Sport- und Essverhaltens, eine Arbeit an dysfunktionalem Verhalten in Beziehungen (Konfliktvermeidung, Rückzug) und eine Arbeit an der Selbstwahrnehmung sowie der Selbstwert- und Affektregulation.

Die Therapieelemente auf der Station umfassten Bezugspflegegespräche, psychodynamisch orientierte Einzel- und Gruppentherapie, Konzentrative Bewegungstherapie (ein Körpertherapieverfahren),

Entspannungstherapie, Paargespräche, Gestaltungstherapie, Sportangebote der Klinik und medizinische Visiten.

Zu Beginn der Behandlung stand bei Herrn M. die Verzweiflung über die Konflikte in der Beziehung zu seinem Partner im Vordergrund. Die Infragestellung seines Sport- und Ernährungsverhaltens durch das Behandlungsteam erlebte er zunächst als sehr bedrohlich und als Verlust der Kontrolle über sein eigenes Leben. Es bedurfte eines längeren Zeitraumes, bis Herr M. ein Vertrauensverhältnis und eine tragfähige Arbeitsbeziehung zu den Therapeuten aufbaute und eine Veränderung seines Sportverhaltens auch als eigenes Ziel sehen konnte.

Ein Monitoring seines Verhaltens erfolgte über ein Ess- und Sporttagebuch, welches Herr M. selber führte und regelmäßig in Bezugspflegegesprächen besprach. Dort wurden auch Zielvereinbarungen für die jeweils kommende Woche getroffen (mit schrittweiser Reduktion des Lauftrainings). Parallel dazu wurde in der psychodynamisch ausgerichteten Einzeltherapie sowie in der Körpertherapie an einer besseren Selbst- und Affektwahrnehmung gearbeitet, da Herr M. eigene Belastungsgrenzen, aber auch die Belastungen an seiner Arbeitsstelle und in seiner Beziehung kaum differenziert wahrnehmen konnte. Es zeichnete sich immer deutlicher ab, dass das Laufen der Konfliktvermeidung, dem Wiederherstellen eines Autonomiegefühls und der Spannungsregulation diente.

In mehreren Paargesprächen gelang eine Wiederannäherung zwischen Herrn M. und seinem Partner, ein Herausarbeiten von Ressourcen und eine konstruktive Klärung von Rollen und Aufgaben. Gegen Ende des stationären Aufenthaltes nahm Herr M. seine eigenen Bedürfnisse nach Entspannung und Rückzug differenzierter wahr und konnte diese auch in der Partnerschaft vertreten. Er empfand die an ihn gerichteten Wünsche seines Partners als weniger überfordernd. Seine Angst vor Konflikten und Auseinandersetzungen (mit dem Partner, in der Firma) konnte auch vor dem Hintergrund der Herkunftsfamilie, insbesondere der Beziehung zu seinem Vater, verstanden werden.

Bei Entlassung war das Bewegungsverhalten sehr viel weniger zwanghaft, auch wenn Herr M. noch 2–3 Mal pro Woche Laufen ging. Sorge bereitete ihm bei Entlassung, ob er die erreichten Veränderungen werde beibehalten können, wenn der Alltag und die Arbeit in seiner Firma wieder beginne. Herr M. setzte die Behandlung nach Entlassung ambulant fort.

7.1.3 Sportsucht bei Essstörungen

Die Diskussion über einen angemessenen Umgang mit Sport und Bewegung in der Therapie von Essstörungen begann schon vor mehr als fünfundzwanzig Jahren (Beumont et al. 1994; Zeeck und Schlegel 2013). Es ging dabei grundsätzlich um die Frage, ob körperliche Aktivität bei einer Essstörung – und hier war in der Regel die Anorexia nervosa gemeint – günstig ist oder nicht. Nachdem lange Zeit die Position vertreten wurde, dass essgestörten Patienten Sport ganz verboten werden sollte, hat sich diese Position in den letzten Jahren zunehmend verändert. Die Befürchtung war zunächst, dass körperliche Aktivität eine Gewichtszunahme verhindert oder verzögert. Beumont und Mitarbeiter haben jedoch schon 1994 die klinische Beobachtung beschrieben, dass ein Sportverbot in der Regel nur dazu führt, dass sich Patientinnen heimlich bewegen und die Vorgaben der Behandlungsteams unterlaufen (Beumont et al. 1994). Ein supervidiertes, an die körperliche Situation der Patientinnen angepasstes Sportprogramm hingegen zeigte positive Wirkungen: Die Angst vor einer Gewichtszunahme verringerte sich und die Patientinnen beschrieben, sich nach dem Essen nicht mehr ganz so aufgebläht und körperlich schlecht zu fühlen. Dadurch verbesserte sich auch die Compliance mit dem Therapieprogramm. Ähnliche Beobachtungen beschrieben Calogero & Pedrotty (2004). Inzwischen wird empfohlen, dass ein gestuftes, an die körperliche Situation der Patientinnen angepasstes Sportprogramm angeboten werden sollte (Cook et al. 2016). Patientinnen und Patienten, die eine Sportsucht oder einen pathologischen Umgang mit Bewegung zeigen, sollten wieder zu einem »gesunden« Umfang an körperlicher Aktivität hingeführt werden (Noetel et al. 2017). Wie Letzteres am besten erreicht werden kann, ist jedoch noch offen.

Cook et al. (2016) haben alle bis Juli 2014 veröffentlichten Arbeiten zum Thema Sport bei Essstörungen zusammengefasst und daraus Richtlinien und Empfehlungen für das therapeutische Vorgehen abgeleitet (▶ Abb. 7.1).

Abb. 7.1: Elemente eines therapeutischen Vorgehens bezogen auf Sport bei Patienten mit einer Essstörung (nach Cook et al. 2016)

Cook und Kollegen (2016) arbeiteten insgesamt elf Aspekte heraus, die mit einer erfolgreichen Behandlung essgestörter Patienten in Zusammenhang gebracht werden können und hier skizziert werden sollen. So wird empfohlen, die Behandlung in einem spezialisierten

7.1 Therapeutische Ansätze bei Sportsucht

Team durchzuführen, welches die Bereiche Ernährung, Sportwissenschaft, Medizin, Physiotherapie und Psychotherapie abdecken kann. Wichtig sei, aufgrund der körperlichen Folgen essgestörten Verhaltens die medizinischen Risiken abzuschätzen, die mit sportlicher Aktivität verbunden sein könnten. Die Diagnostik sollte ferner beinhalten, in welchem Ausmaß eine Sportpathologie (Verhalten, Einstellungen) vorliegt. Im Hinblick auf das konkrete Vorgehen wird empfohlen, mit Patientinnen eine schriftliche Vereinbarung zu einem Sportprogramm zu treffen, psychoedukative Elemente einzubauen, gesundes Sporttreiben zu belohnen, sowie gestufte Programme anzubieten. Letzteres bedeutet, zunächst mit einer geringen körperlichen Belastung zu beginnen und diese in der Folge schrittweise zu steigern. Die Art der körperlichen Aktivität und die Ernährung sollten individuell an die Problematik und körperliche Situation der Patientin angepasst sein. Abschließend wird von den Autoren betont, dass eine Reflektion der mit Sport verbundenen Affekte, Gedanken und Wahrnehmungen Teil des therapeutischen Vorgehens sein sollte.

Im Folgenden sollen beispielhaft zwei ambulante und zwei stationäre Programme vorgestellt werden, die mit dem Ziel entwickelt wurden, pathologisches Sporttreiben – also eine »sekundäre Sportsucht« – bei Menschen mit einer Essstörung zu behandeln.

7.1.4 Beispiele für ambulante Programme

Loughborough Eating-Disorders Actvity-Programm (LEAP)

Dieses Programm wurde von Taranis und Kollegen konzipiert und wird von Ergotherapeuten durchgeführt (Taranis et al. 2011b). Es ist ein manualisiertes, auf einem kognitiv-behavioralen Modell basierendes Gruppenprogramm. Ziel des Programms ist die Förderung einer gesunden Einstellung zum Sport und eines gesunden Sportverhaltens. Dafür werden Psychoedukation, eine angeleitete Reflexion des eigenen Verhaltens, kognitive Umstrukturierung und Elemente zur Rückfallprophylaxe eingesetzt.

Es wird zunächst mit den Patienten im Detail herausgearbeitet, was das problematische Sportverhalten aufrechterhält: Dies kann zum Beispiel die dadurch erzielte Verbesserung der Affektlage sein, die Vermeidung von negativem Affekt oder aber rigide Verhaltensmuster und Sorgen um Figur und Gewicht.

Das Programm umfasst eine initiale Sitzung sowie sieben darauffolgende Gruppensitzungen. Diese beginnen jeweils mit einer Besprechung von Hausaufgaben, die nach jeder Sitzung mitgegeben werden. Darauf folgt eine Gruppenaktivität mit anschließender Reflektion sowie die Vereinbarung von Hausaufgaben bis zum nächsten Treffen. Es werden nur Patientinnen in das Gruppenprogramm aufgenommen, die motiviert sind und ein Gruppensetting tolerieren können.

Eine an diesem Programm orientierte Intervention (Integration von acht Sitzungen in eine ambulante kognitiv-behaviorale Einzeltherapie von insgesamt 34 Sitzungen) wurde in einer randomisiertkontrollierten Studie mit einer »regulären« kognitiv-behavioralen Therapie von 34 Sitzungen verglichen (Hay et al. 2018). Eingeschlossen wurden Patientinnen mit einer Anorexia nervosa, die zumindest einmalig in den letzten vier Wochen Sport getrieben hatten, also nicht unbedingt ein pathologisches Sporttreiben zeigen mussten. Es fand sich dabei kein Unterschied zwischen den beiden Therapieansätzen. Die Ergebnisse müssen jedoch unter anderem wegen hoher Abbruchraten bei der Nachbefragung mit Vorsicht interpretiert werden.

Freiburger Sporttherapieprogramm

Das Freiburger Sporttherapieprogramm für Patientinnen mit Essstörungen wurde von Zeeck und Schlegel entwickelt und orientiert sich an einem psychodynamisch-integrativen Grundverständnis der Essstörungspathologie sowie sportpsychologischen Konzepten (Schlegel et al. 2012). Es orientiert sich unter anderem am Programm von Calogero und Pedrotty (2004, siehe unten), bei welchem die Intensität der körperlichen Bewegungsangebote graduell gesteigert wird und körperlich-sportliche Erfahrung immer mit einer anschließenden Reflektion verbunden wird. Das Freiburger Programm zielt wie auch das LEAP-Programm darauf ab, problematisches Sporttreiben hin zu einem gesunden, psychisch stabilisierenden Umgang mit Sport und Bewegung zu verändern und ist als Ergänzung zu einer ambulanten Psychotherapie konzipiert. Es nehmen sechs bis acht Patientinnen mit einer Essstörung und zusätzlichen Sportsuchtproblematik teil. Es wird angenommen, dass positive Erfahrungen in der Gruppe/in Beziehungen, eine Verbesserung der Wahrnehmung eigener Grenzen, eine bessere Akzeptanz des eigenen Körpers und eigener Bedürfnisse sowie die Veränderung eines sportbezogenen, überhöhten Leistungsideals zentrale Wirkkomponenten darstellen. Körper- und Beziehungserfahrungen werden kontinuierlich im Rahmen einer gemeinsamen Reflektion aufgearbeitet.

Das Freiburger Programm besteht aus einer Anfangssitzung, die dem Kennenlernen und der Gruppenkohäsion dient, sowie zwölf weiteren wöchentlichen Gruppensitzungen. Insgesamt umfasst es fünf aufeinander aufbauende Module, welche in Abb. 7.2 dargestellt sind (▶ Abb. 7.2). Zu Beginn wird neben psychoedukativen Elementen großer Wert auf eine gute Gruppenkohäsion gelegt, da die Patientinnen dazu neigen, sich mit anderen zu vergleichen und sich rasch beobachtet und negativ bewertet fühlen. In den darauf aufbauenden Gruppensitzungen liegt der Fokus auf der Körperwahrnehmung und dem Spüren eigener Belastungsgrenzen bei noch geringer Intensität der Sportangebote. Die Intensität wird in der Folge gesteigert, bei gleichzeitiger Relativierung von Leistungsansprüchen und einer Arbeit am Sportverhalten im Alltag. Die letzten Module dienen dem Ausprobieren von Neuem, auch neuer Sportarten, und der Vorbereitung der Zeit nach der Intervention. Ein Wechsel zum nächsten Modul wird flexibel von der Problematik der Patientinnen und der Entwicklung der Gruppe abhängig gemacht. Die Sporttherapeutin achtet bei ihrer Anleitung insgesamt darauf, dass ein Erleben von Freude am gemeinsamen Tun und körperlicher Bewegung wieder möglich wird.

7 Therapie und Prävention

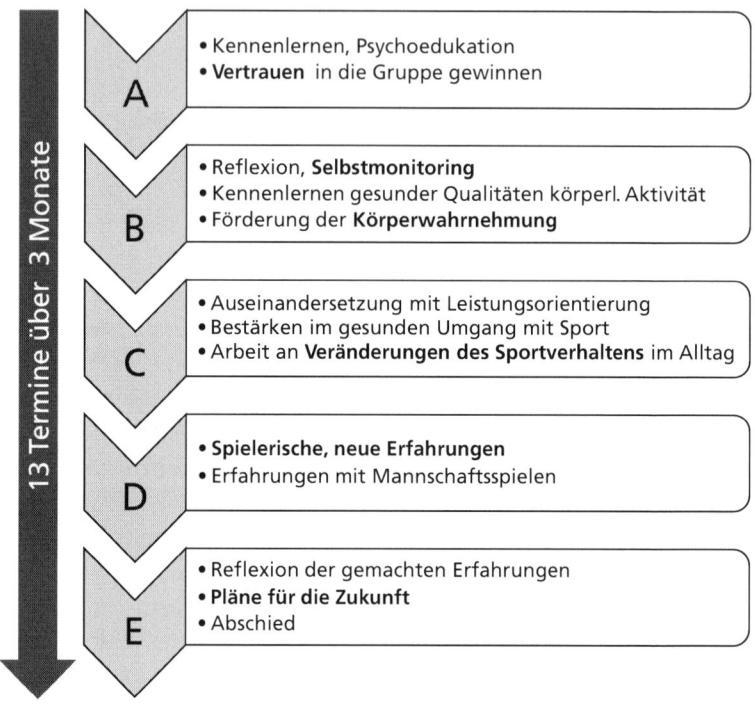

Abb. 7.2: Module des Freiburger Sporttherapieprogramms für Essstörungen (orientiert an Schlegel et al. 2012).

In einer Pilotstudie konnte gezeigt werden, dass sich zwanghafte Einstellungen zum Sport durch die Intervention verändern (Schlegel et al. 2015). Sie wurden mit der Commitment to Exercise Scale (CES) erfasst.

7.1.5 Beispiele für stationäre Programme

Es finden sich nur wenige Veröffentlichungen zu Programmen oder Behandlungsbausteinen, die auf den Umgang mit Sport und körperlicher Aktivität im Rahmen stationärer Therapie von Essstörungen ausgerichtet sind. In den meisten Fällen handelt es sich um gestufte Bewegungsprogramme, bei denen die Intensität des Sportangebots von der körperlichen Stabilität einer Patientin abhängig gemacht wird (Noetel et al. 2017). Sport wird also umso mehr »erlaubt«, je mehr Patientinnen an Gewicht zunehmen oder ihr gestörtes Essverhalten reduzieren können. Sehr viel seltener sind Programme, die das Ziel haben, eine »sekundäre« Sportsucht im engeren Sinne zu verändern (Zeeck und Schlegel 2013). Dies bedeutet, dass sie nicht nur darauf abzielen, das Ausmaß an Bewegung, sondern auch die mit Sport und Bewegung verbundenen Einstellungen und zwanghaften, sportbezogenen Verhaltensmuster zu verändern. Zusätzlich werden Zusammenhänge mit zugrundeliegenden psychischen Schwierigkeiten hergestellt. Zwei solcher Ansätze sollen hier exemplarisch vorgestellt werden.

Das Sporttherapieprogramm von Calogero & Pedrotty (USA)

Von Calogero und Pedrotty (2004) wurde ein intensives sporttherapeutisches Programm entwickelt, das Patientinnen als zusätzliches Element im Rahmen einer stationären Therapie angeboten wurde. Es zielt ausdrücklich darauf ab, ein pathologisches Sportverhalten so zu verändern, dass körperliche Bewegung wieder zu einer Aktivität wird, die der psychischen und körperlichen Gesundheit guttut. Das Programm betont die Förderung positiven Körpererlebens und arbeitet bewusst nicht mit belohnenden und bestrafenden Komponenten. Sehr unterstrichen wird die Bedeutung einer kontinuierlichen Reflektion der gemachten Erfahrungen.

Das Sporttherapieprogramm wird im Rahmen einer stationären Therapie vier Mal pro Woche für 60 Minuten angeboten. Das Vorgehen orientiert sich an drei Stufen. Bei der ersten Stufe geht es um eine Verbesserung der Körperwahrnehmung (»sensing the self«), bei der zweiten um eine Steigerung der Intensität körperlicher Aktivität und neue Erfahrungen (»supporting the self«) und bei der dritten Stufe dann um eine Umsetzung gesunderen Umgangs mit Sport im Alltag (»strenghening the self«). Die Teilnahme an der jeweils nächsten Stufe wird nicht nur von der körperlichen Situation, sondern von Vorschritten im gesamten therapeutischen Prozess abhängig gemacht.

Das Gruppenprogramm wurde im Rahmen einer Beobachtungsstudie evaluiert und zeigte positive Ergebnisse: Die Einstellungen zum Sport änderten sich, so wurde Sport nicht mehr primär zur Gewichtsregulation getrieben. Patientinnen mit einer Anorexia nervosa zeigten bei Teilnahme an der Sporttherapiegruppe höhere Gewichtszunahmen als Patientinnen, die nicht am Programm teilnahmen (Calogero und Pedrotty 2004). Es handelte sich jedoch nicht um eine randomisiert-kontrollierte Studie. Kritisch erscheint zudem, dass sich unter den Patientinnen, die am Programm teilnahmen, mehr solche befanden, die sehr motiviert waren, etwas an ihrem Sportverhalten und ihrer Essstörung zu verändern.

Das HEB (»Healthy Exercise Behavior«)-Programm

Das HEB-Programm wurde in Prien/Deutschland entwickelt (Dittmer et al. 2018) und hat wie die schon vorgestellten Programme zum Ziel, pathologisches Sportverhalten zu verändern (Quantität und Qualität) sowie Patientinnen dabei zu begleiten, zu einem gesunden Umgang mit Sport zurückzufinden. Es besteht aus acht Sitzungen, welche zwei Mal pro Woche im Rahmen einer geschlossenen Gruppe angeboten werden. Die Gruppenleiter sind ein Psychologe sowie ein Sporttherapeut. Es ergänzen sich kognitiv-behaviorale und sporttherapeutische Interventionen. Für die Zeit zwischen den Sitzungen werden Hausaufgaben mitgegeben und auf das Sportverhalten bezogene Expositionen mit Reaktionsverhinderung durchgeführt. Eine Pilotstudie zeigte auch hier eine signifikante Reduktion pathologischen Sporttreibens (erfasst über die Commitment to Exercise Scale/CES sowie den Compulsive Exercise Test/CET) und insgesamt eine Besserung der Psychopathologie (Dittmer et al. 2018).

Welche Wirkfaktoren bei den Interventionen zur sekundären Sportsucht bedeutsam sind, ist noch wenig wissenschaftlich untersucht. Qualitative Interviews, welche nach Abschluss des Freiburger

Sporttherapieprogramms für essgestörte Patientinnen durchgeführt wurden, ergaben folgende Aspekte (Schlegel et al. 2012):

- Die Entwicklung eines differenzierteren Gefühls für eigene Grenzen
- Erleben von Freude an der Bewegung und die Förderung einer positiven Beziehung zum eigenen Körper
- Stärkung des Selbstwirksamkeitserlebens
- Leistung und Zwang treten in den Hintergrund (»weniger ist auch genug«)
- Ein bewusstes Wahrnehmen und Wissen um die eigene Bewegungsproblematik
- Ein positives Erleben von Gemeinsamkeit bei körperlicher Betätigung in der Gruppe

Es ist anzunehmen, dass neben kognitiven Komponenten (Selbstbeobachtung, Wissen um die Problematik des eigenen Denkens und Handelns, Infragestellen dysfunktionaler Überzeugungen) und einer konkreten Veränderung rigider Verhaltens- und Trainingsmuster vor allem auch die Ebene des körperlichen Erlebens (es kann gut sein, mal Pause zu machen) und der Gruppenerfahrung (Spaß am gemeinsamen Tun beim Sport in der Gruppe) von Bedeutung sind.

Fallbeispiel
Zitat einer Teilnehmerin (nach Abschluss einer sporttherapeutischen Gruppe)
»Also, ich hätte es mit dem Sport ja auch heimlich machen können, klar. Aber ich wusste, okay, ich will da was auch für mich persönlich erreichen und wenn ich da noch außerhalb, was weiß ich, wie oft joggen gehe, dann erreiche ich ja nichts. [...] Und ich glaube, das hat mir wirklich geholfen, dass da so ein fester Punkt in der Woche war. [...] Das hat mich, glaube ich, auch von dem Zwanghaften, so ein Stück weggebracht.

Und auch die Atmosphäre. Also, ich wusste, ich kann das jetzt ausprobieren, so im geschützten Raum. Ich muss jetzt nicht auf Leistung oder so und wenn jetzt etwas vielleicht nicht geht, weil sich das für mich schlecht anfühlt, dann ist das auch okay. [...] Also, ich merke einfach und das hat denke ich auch etwas zu tun mit der Sporttherapie, ich achte mehr auf mich. Also, das heißt, wenn ich zum Beispiel merke, mir ist total elend, dann lege ich mich jetzt mal eine Stunde hin. Früher hätte ich halt weiter gemacht, bis zum bitteren Ende, sozusagen.«

Therapeutische Beurteilung
Die Patientin war motiviert, etwas zu verändern. Die Sporttherapiegruppe war für sie ein »Anker«, der Sicherheit gab und einen Rahmen bot, in dem es möglich wurde, verunsicherndes Neues auszuprobieren. Sie hat sich mit weniger leistungsorientiertem Sporttreiben angenommen gefühlt und gelernt, ihre Grenzen besser wahr und ernst zu nehmen.

7.1.6 Muskeldysmorphie

Bislang finden sich keine spezifischen, empirisch untersuchten Behandlungsprogramme für die Therapie der Muskeldysmorphie. Dies hat vermutlich damit zu tun, dass das Störungsbild in der Allgemeinbevölkerung eher selten ist. Hinzu kommt, dass es für betroffene Menschen eine große Hürde darzustellen scheint, sich in Behandlung zu begeben. Eine Muskeldysmorphie bleibt vermutlich häufig unerkannt (Hitzeroth et al. 2001).

Schwerpunkte der Behandlung sollten einerseits – ähnlich wie in der Behandlung von Essstörungen – eine Veränderung der Verhaltenssymptomatik sein (Reduktion des Trainingsumfangs, Normalisierung der Ernährung), sowie andererseits eine Arbeit an den psychischen Problembereichen (Selbstwertproblematik, Körperbildstörung, Perfektionismus, Affektregulation, zwischenmenschliche Schwierigkeiten). Hierfür kann eine Orientierung an schon bestehenden psychotherapeutischen Ansätzen und Vorgehensweisen hilfreich sein, die diese Themen adressieren. Offen ist, ob bei depressiven und ängstlichen Symptomen eine psychopharmakologische Therapie hilfreich sein könnte (z.B. mit Serotonin-Wiederaufnahme-Hemmern/SSRI, siehe auch Cunningham et al. 2017). Bei einem Steroidmissbrauch sollte dieser einen weiteren Therapiefokus darstellen. Eine Reduktion des Steroidgebrauchs kann jedoch zu einer psychischen Verschlechterung mit einer Zunahme von depressiven und ängstlichen Symptomen sowie einer endokrinen Dysregulation führen und sollte engmaschig psychotherapeutisch und endokrinologisch begleitet werden.

7.2 Prävention der Sportsucht

Jens Kleinert

Wenn Sportsucht als eine behandlungsbedürftige Störung betrachtet wird (▶ Kap. 2), geht hiermit nicht nur eine klinische bzw. therapeutische Perspektive einher (▶ Kap. 6.2, ▶ Kap. 7.1), also die Frage nach der Behandlung von Sportsucht, sondern auch die Frage, wie Sportsucht verhindert oder wie die Entwicklung von Sportsucht in einem frühen Stadium gestoppt werden kann. Die letztere Perspektive berührt den Aspekt der Prävention, der im Folgenden näher beleuchtet werden soll. Im Einzelnen geht es (1) um eine Klärung, was unter Prävention verstanden werden kann, (2) um eine Systematisierung von präventiv orientierten Ansätzen in Bezug zur Sportsucht und (3) um eine beispielhafte Darstellung präventiv ausgerichteter Maßnahmen mit Ausrichtung auf Sportsucht.

7.2.1 Formen der Prävention

Grundsätzlich lassen sich drei Formen der Prävention unterscheiden (Caplan und Grunebaum 1967; Laaser et al. 1993): Gesundheitsförderung (auch primordiale Prävention), primäre Prävention (d.h.

Risikoreduktion) und sekundäre Prävention (d. h. Früherkennung). Ergänzend wird teils als tertiäre Prävention bezeichnet, wenn Gesundheitsförderung und primäre Prävention bei ehemals Erkrankten (d. h. nach erfolgter Behandlung) stattfindet. *Gesundheitsförderung* bedeutet, dass Widerstandsressourcen bzw. Gesundheitsressourcen gestärkt werden. Diese Ressourcenorientierung fokussiert mehr die Stärkung von Gesundheit als die Verhinderung von Krankheit und geht auf das Konzept der Salutogenese zurück (Antonovsky und Franke 1997). Das zentrale Element der Salutogenese ist der Kohärenzsinn, der sich aus Verständnisfähigkeit (Comprehensibility), Handhabbarkeit (Manageability) und Sinnhaftigkeit (Meaningfulness) zusammensetzt. Übertragen auf den Sport bedeutet Verständnisfähigkeit insbesondere, dass Menschen wissen, was beim Sporttreiben mit ihnen passiert (z. B. welche Wirkung es auf die Gesundheit hat); Handhabbarkeit beschreibt die subjektive Überzeugung, dass Möglichkeiten und Ressourcen vorliegen, Sport in angemessener Weise umsetzen zu können (z. B. eigene Fähigkeiten oder materielle bzw. soziale Unterstützung); Sinnhaftigkeit beschreibt schließlich, dass Menschen Sporttreiben bedeutungsvoll und sinnhaft für ihr Leben bewerten.

Primärprävention mit Blick auf Sportsucht zu betreiben heißt, sich auf suchtauslösende Merkmale zu fokussieren. Es geht hiermit weniger um die Stärkung von Gesundheitsfaktoren als darum, Krankheit (Sucht) zu verhindern. Üblicherweise beinhaltet die Primärprävention den Abbau bzw. die Veränderung gesundheitsschädigender Umfeldfaktoren (Franzkowiak 2003), beispielsweise von alltäglichem Stress, Frustrationen oder sozialen Konflikten. Bei der *Sekundärprävention* von Sportsucht wird schließlich versucht, Anfangsstadien (z. B. Verlust an Freude, Erhöhung eines Zwangserlebens bezogen auf Sport) frühzeitig zu erkennen und somit die Entwicklung der Störung in Anfangsstadien einzudämmen. Auch Tertiärprävention wird im Zusammenhang mit Sportsucht thematisiert und umfasst hier Maßnahmen, die dabei helfen, einen Rückfall nach erfolgter Behandlung zu verhindern (Kerr et al. 2007).

7.2.2 Zielbereiche von Gesundheitsförderung und Prävention der Sportsucht

Gesundheitsförderung und Prävention unterscheiden sich in ihren hauptsächlichen Zielrichtungen. Das Hauptziel von Gesundheitsförderung besteht darin, Sport und Bewegungsaktivität in allen seinen/ ihren Dimensionen (physisch, psychisch und sozial) so auszurichten, dass ein möglichst hohes Maß an Wohlbefinden, positiver Persönlichkeitsentwicklung sowie persönlicher und sozialer Stimmigkeit möglich ist. Demgegenüber ist es das Hauptziel von Prävention, solche inneren und äußeren Bedingungen zu reduzieren oder zu verhindern, die Sportsucht auslösen oder fördern können. Diese krankheitsförderlichen Bedingungen lassen sich entsprechend der Gesundheitsförderung den Bereichen Befindlichkeit, Persönlichkeit sowie persönlicher und sozialer Stimmigkeit zuordnen.

7.2.3 Psychosoziale, gesundheitsförderliche Ziele von Sport

Positives Befinden fördern

Die positiven Effekte von Sporttreiben auf die Befindlichkeit sind weitreichend untersucht (für eine Übersicht vgl. Biddle 2000; Raglin et al. 2007). Dies betrifft sowohl die körperliche Befindlichkeit (z. B. Aktivierung, muskuläre Wohlspannung) als auch das psychische Befinden. Letzteres ist z. B. durch Verringerung von Anspannung und Stresserleben oder durch die Steigerung von Gelassenheit und Freude gekennzeichnet. Neben solchen gleichförmigen Veränderungen werden auch Spannungsbögen mit positiver Befindlichkeit verbunden (Disäquilibrationseffekte, Abele et al. 1991).

Demnach sollte eine Zielsetzung von Gesundheitsförderung sein, positives Befinden und Erleben während und unmittelbar nach Sport als besonders bedeutsam und sinngebend zu betrachten. Hierbei hilft die Aufmerksamkeitslenkung auf den Körper und positive körperliche Signale im Laufe des Sporttreibens (positive muskuläre Empfindungen, Rhythmuserleben). Auch ein positiver Bewusstseinszustand (meditationsähnliche Erlebnisse) zeigen einen gesundheitsförderlichen Weg, Sport zu treiben (vgl. auch Flow-Empfinden Csikszentmihalyi 1999). Ein positives psychisches Erleben *während* der Aktivität weist zudem auf intrinsische Motivation hin und hängt hiermit eng mit der Befriedigung zentraler psychischer Bedürfnisse und der Förderung psychischer Gesundheit zusammen (Deci und Ryan 1985, 2000).

Persönlichkeitsentwickung stärken

Sport und körperliche Aktivivität sind mit einer Vielzahl von positiven Effekten auf die Persönlichkeit verbunden (z. B. Stärkung von Kontrollüberzeugung, Selbstwirksamkeit, Selbstsicherheit, Körper-/Selbstkonzept, Reduktion von Ängstlichkeit, Depressivität; Abele et al. 1997; Brehm und Bös 2006; Hausenblas et al. 2001). Aus gesundheitsförderlicher Sicht ist ein Hauptziel von Sport, diese positiven Persönlichkeitskomponenten zu fördern; zugleich werden hiermit Persönlichkeitsmerkmale entwickelt, die konträr zu einer »Sportsuchtpersönlichkeit« (z. B. Kontrollverlust, fehlendes Körperbewusstsein) ausgerichtet sind.

Persönliche und soziale Stimmigkeit stärken

Stimmigkeit bezeichnet die harmonische Passung eines Verhaltens (z. B. Sport) zu gegebenen psychischen und sozialen Bedingungen. Stimmigkeit ist auch ein zentraler Mechanismus im Rahmen der psychischen Konsistenz (Stahlberg und Frey 1997): Menschen streben eine Passung zwischen dem an, was sie einerseits vertreten und denken (z. B. Ziele, Einstellungen) und dem, was sie wahrnehmen und tun (z. B. soziale Einflüsse, eigenes Verhalten). Wenn diese unterschiedlichen Elemente sich in ein stimmiges Selbst integrieren lassen (organismische Integration; Deci und Ryan 2000), werden die psychische Gesundheit, die persönliche Entwicklung, aber auch eine intrinsische Motivationslage gestärkt. Sporttreiben ist demnach nur dann gesundheitsförderlich, wenn es sowohl zu den persönlichen Zielen, Einstellungen und Werten als auch zu den sozialen Erfordernissen und Ansprüchen passend gestaltet werden kann. Fehlende Passung führt zu inneren Konflikten und fördert psychisches Missbefinden oder sogar psychische Erkrankungen.

7.2.4 Prävention der Sportsucht

Negative Befindlichkeitsveränderungen eindämmen

Negative Gefühlslagen sind nicht per se problematisch oder dysfunktional. Insofern ist negatives Befinden auch bei gesundheitsorientiertem Sport nicht per se problematisch (z.B. unangenehme Anstrengung, Gefühle bei Misserfolg). Trotzdem sollten negative Gefühle im Vergleich zu positiven Gefühlen deutlich geringer ausgeprägt sein (positive Gefühlsbilanz). Eine negative Gefühlsbilanz kann auf eine psychische Problemlage hinweisen, die durch suchtartiges Sportverhalten kompensiert werden soll oder die sich durch die Sportsucht selbst ergibt. Im letztgenannten Sinne können z.B. Entzugssymptome auftreten (wie Gereiztheit, Unruhe Adams und Kirkby 1998) oder Sporttreiben kann trotz Beschwerden und Überbelastung aufrechterhalten werden. Demnach ist es ein Ziel der Prävention von Sportsucht, negative Befindlichkeiten im Zusammenhang mit Sport zu beobachten, einzudämmen oder zumindest in Hinsicht auf ihre Bedeutung zu hinterfragen (z.B. als Hinweis auf Motivationsprobleme, falscher Trainingsbelastung oder überhöhter Ansprüche).

Ungünstige Persönlichkeitsentwicklungen vermeiden

Einige Publikationen zeigen, dass Sportsucht oder zumindest auffälliges Sportverhalten mit Persönlichkeitsmerkmalen assoziiert ist (z.B. erhöhtes Geltungsbedürfnis, extremes Leistungsstreben, emotionale Unausgeglichenheit, Neurotizismus) (Gerngroß 1973; Aufmuth 1983; Rossi und Cereatti 1993; Adams und Kirkby 1998). Solche Persönlichkeitsmerkmale können Sportsucht disponieren oder sich u. U. auch langfristig im Verlauf einer Sportsucht entwickeln (oder zumindest verstärken). Aus Sicht der Prävention geht es also darum, derartige Persönlichkeitsentwicklungen zu beobachten und sie ggfs. einzudämmen. Dies ist insbesondere dann sinnvoll, wenn davon ausgegangen wird, dass sich problematische Persönlichkeitsmerkmale im Rahmen bestimmter Sportaktivitäten (z. B. Leistungssport, Extremsport) erst entwickeln (Sozialisationshypothese; Kleinert 2014). Entsprechend einer solchen Sozialisationshypothese typisieren Sachs und Pargman (1984) unterschiedliche Stadien oder Risiken für die Entwicklung einer Sportsucht (▶ Kap. 5.1).

Soziale Problemlagen verhindern bzw. reduzieren

Ein wesentliches Merkmal von Sportsucht sind soziale Konflikte und andere soziale Problemlagen (▶ Kap. 2), die insbesondere dadurch entstehen, dass das eigenen Suchtverhalten mit sozialen Anforderungen (z. B. als Partner, Familienmitglied, Berufstätiger) nicht in Einklang gebracht werden kann. Hinzu kommen problematisch soziale Wahrnehmungen oder Einstellungen (z. B. geringe soziale Anerkennung, Pierce 1994; problematische subjektive Normen oder Ideale, Gerigk 1999). Solche problematischen sozialen Wahrnehmungen und Einstellungen gehen außerdem häufig mit einem niedrigen Selbstwert einher (Estok und Rudy 1986).

Im Sinne der Prävention von Sportsucht ist es daher bedeutsam, soziale Wahrnehmungen und Einstellungen dahingehend zu beobachten oder zu prüfen, wie realistisch (z. B. machbar, erreichbar) und individuell angemessen (z. B. wünschenswert, persönlich relevant und passend zur eigenen Person) sie sind. Zu dieser Prüfung gehört, dass gegenübergestellt wird, welche sozialen Erwartungen und Normen Athleten wahrnehmen und wie das soziale Umfeld selbst diese Erwartungen und Normen beschreibt. Hierbei bestehen häufig zwischen der Sicht des Sportlers und dem sozialen Umfeld Diskrepanzen, die eine Quelle für problematische Entwicklungen sein können. Darüber hinaus ist es auch entscheidend, dass Sportler lernen, sich von sozialen Erwartungen zu lösen und einen für sie persönlich wertvollen und stimmigen Weg zu finden.

7.2.5 Früherkennung

Ein grundsätzliches Merkmal von präventiver Arbeit ist die Früherkennung, das heißt problematische Entwicklungen frühzeitig (bevor eine Erkrankung entsteht) zu identifizieren (Caplan und Grunebaum 1967). Dies ist insofern wichtig, da davon ausgegangen werden muss, dass Betroffene von sich aus erst sehr spät nach Unterstützung und Hilfe suchen (Veale 1995) oder erst dann auffallen, wenn andere gesundheitliche Probleme hinzukommen (z. B. Depression, Burnout, Überlastungsverletzungen; ebd.).

Die Früherkennung oder aufmerksame Beobachtung eines problematischen Verhaltens kann grundsätzlich von vielen sozialen Bezugsebenen durchgeführt werden (Eltern, Lehrer, Gesundheitsberater und Trainer; vgl. Berczik et al. 2012). Allerdings ist die Unterscheidung zwischen normalen Symptomlagen, Warnsignalen und behandlungsbedürftigen Symptomen teils schwierig, weswegen im Zweifelsfall die Beteiligung eines Experten angeraten ist (Berczik et al. 2012; Breuer und Kleinert 2009).

Zu empfehlen ist außerdem, dass Früherkennung standardisiert durchgeführt wird (▶ Kap. 6). Als Instrument eignen sich hierfür kurze, möglichst gut validierte Screening-Fragebögen (insbesondere das Exercise Addiction Inventory, Terry et al. 2004; deutsch: Ziemainz et al. 2013; ▶ Kap. 6.1; ▶ Tab. 7.1). In Hinsicht auf die Gelegenheit für derartige Screenings bieten sich bspw. sportärztliche Untersuchungen oder Aufnahmegespräche in Vereinen oder Fitnesseinrichtungen an.

Tab. 7.1: Screeningfragen im Exercise Addiction Inventory (EAI; Terry et al. 2004; deutsch: Ziemainz et al. 2013) und Empfehlungen zur Früherkennung von Szabo (2000; deutsche Übersetzung vom Autor dieses Kapitels)

Exercise Addiction Inventory (Terry et al. 2004)	Empfehlungen von Szabo (2000)
Training ist das Wichtigste in meinem Leben	Training hat die höchste Priorität in meinem Leben
Es haben sich bereits Konflikte zwischen mir und meiner Familie und/oder meinem Partner bzgl. der Menge meines Trainings ergeben	Ich habe wegen meines Trainings große Einbußen erlebt
Ich nutze Training als einen Weg, um meine Stimmung zu ändern	Ich kann ein festgelegtes Training nicht verpassen, egal warum
Mit der Zeit habe ich die Menge meines Trainings pro Tag erhöht	Ich trainiere auch gegen medizinischen Rat oder wenn ich verletzt bin
Wenn ich ein Training ausfallen lassen muss, fühle ich mich launisch und reizbar.	Ich bin gereizt und unausstehlich, wenn ich mein Training verpasse
Wenn ich die Menge meines Trainings reduziere und dann wieder beginne, ende ich immer wieder bei der Menge, die ich vorher durchgeführt habe	Wenn es um Training geht, kenne ich keine Kompromisse

7.2.6 Maßnahmenebenen und Fazit

Die Umsetzung der zuvor genannten Ansätze von Gesundheitsförderung und Prävention der Sportsucht finden auf unterschiedlichen Ebenen statt, nämlich beim Sporttreibenden selbst, dem unmittelbaren sportlichen Umfeld (Trainer, Sportgruppe), wichtigen Bezugspersonen und gesellschaftlichen Bedingungen.

Bezogen auf den Athleten steht eine Bewusstseinsbildung und Aufklärung im Vordergrund. Athleten sollten um die Gefahr einer Sportsucht wissen und eine mögliche Gefährdung bei sich selbst

7.2 Prävention der Sportsucht

einschätzen können (Breuer und Kleinert 2009). Diese Aufklärungsarbeit könnte über Medien oder über soziale Bezugspersonen innerhalb und außerhalb des Sports geleistet werden. Innerhalb des Sports sind sowohl die Betreuungspersonen als auch die Gruppe wichtige Einflussfaktoren. Für *Betreuungspersonen* (z. B. Trainer) gilt es neben der Aufklärung, die Selbstbestimmtheit der Athleten zu unterstützen (autonomy support; Edmunds und Ntoumanis 2007) und ein ausgewogenes Maß zwischen Leistungsorientierung und sinnhafter, gesundheitsförderlicher Aktivität zu vermitteln (Hannus 2013). Die Balance zwischen Leistung und Gesundheit wird auch durch die Themen Erholung und Regeneration vermittelt (Berczik et al. 2012). Für die *Gruppe* ist es wichtig, ein motivationales Klima zu schaffen, in dem neben dem häufigen Konkurrenzdenken (ego orientation) die Entwicklung des Einzelnen im Vordergrund steht (task orientation; Duda und Balaguer 2007; Keegan et al. 2010).

Neben den sportlichen Akteuren sind auch andere, bedeutsame Bezugspersonen (»significant others«; z. B. in Familie oder Schule) des Athleten gefragt. Sie sollten den Athleten darin unterstützen, die eigene Identität und die Selbst- und Körperwahrnehmung zu stärken sowie ein Gefühl der Selbstkontrolle zu entwickeln (Berczik et al. 2012). Hierbei geht es häufig auch darum, Widerstandskräfte gegen unpassende gesellschaftliche Erwartungen zu entwickeln, nach denen Sport und Bewegung weniger dazu dienen, die Persönlichkeit oder Körperwahrnehmung zu fördern, sondern dazu instrumentalisiert werden, einen hohen sozialen Status zu erlangen (Bartl 2000). Stattdessen sollte das soziale Umfeld dahingehend unterstützen, dass Sport wo immer möglich als erfüllende, für sich selbst sinngebende Aktivität wahrgenommen wird (Kleinert 2014).

8

Ausblick

Jens Kleinert, Almut Zeeck und Heiko Ziemainz

Der 24-jährige Herr W., der als Fallbeispiel dieses Buch eröffnete, war sehr vermutlich sportsüchtig. Wer zwanghaft Sport treibt, sein Handeln nicht kontrollieren kann und sich selbst hierdurch körperlichen, psychischen und meist auch sozialen Schaden zufügt, ist erkrankt und sollte therapeutisch behandelt werden. Die Grundlage einer solchen Behandlung ist das Wissen um eine Erkrankung, ihre Hintergründe, ihre Entstehungsmechanismen und ihre (Früh-)Erkennung. Den aktuellen Stand dieses Wissens darzustellen war der Hauptzweck dieses Buchs.

Seit den ersten Erwähnungen von Sportsucht sind zum Zeitpunkt des Erscheinens dieses Buchs 50 Jahre vergangen (Baekeland 1970) und seit den ersten Systematiken 30–40 Jahre (De Coverley Veale 1987; Morgan 1979). Wie hat sich in dieser Zeit das Konzept der Sportsucht entwickelt? Bedeutsam ist vor allem, dass die Sportsucht sich an den Kriterien anderer Süchte orientiert (z. B. dem DSM-V oder dem ICD in vorläufiger 11. Fassung, WHO 2019). Trotz der Logik dieses Ansatzes häufen sich Hinweise, dass dies nicht bedingungslos möglich ist, da das Feld des Sports Besonderheiten beinhaltet (z. B. Prinzipien körperlichen Trainings), die nicht angemessen abgebildet sind. Bedeutsam ist auch die starke Verquickung von auffälligem oder exzessivem Bewegungsverhalten mit anderen psychischen Störungsbildern (z. B. Essstörung, Körperdysmorphie), die dazu führt, dass sich eine Sportsucht vermutlich selten allein aus dem Sporttreiben heraus entwickelt (primäre Sportsucht).

Ob und wie viel das Feld des Sports selbst zur Entwicklung oder Verstärkung der Erkrankung beiträgt, ist noch unzureichend geklärt. Zwar scheint offensichtlich, dass die Motivation zum Sport treiben (z. B. bei Bodybuildern im Vergleich zu Gewichthebern) oder die mit Sport verbundenen gesellschaftlichen Normen (z. B. subjektive Fitnessnorm und athletisches Ideal) eine pathogenetische Bedeutung haben, allerdings bleibt unklar, unter welchen Bedingungen, bei welchen Personengruppen und in welchen Bewegungsfeldern solche Mechanismen besonders greifen.

Uneindeutig sind bislang auch Zahlen zur Verbreitung der Sportsucht. Prävalenzen innerhalb des Sports schwanken zwischen knapp 2 % und 77 %. Diese Uneindeutigkeit ist durch die fehlende Standardisierung von Instrumenten (z. B. Fragebögen) und Untersuchungsdesigns (z. B. befragte Gruppen) bedingt, auch wenn sich bestimmte Verfahren durchzusetzen scheinen. Selbst bei etablierten Verfahren gibt es allerdings kaum Hinweise auf die Verlässlichkeit (d. h. Sensitivität und Spezifität) der diagnostischen Aussagen gemessen an einer umfänglichen klinischen Diagnosestellung.

Dieses kurze Fazit zeigt, dass trotz einer guten Forschungslage viele wissenschaftliche und praxisorientierte Arbeiten ausstehen. Aus wissenschaftlicher Sicht sollte die bestehende Studienlage konsequenter zusammengefasst und verglichen werden (systematische

8 Ausblick

Reviews oder Metaanalysen), wobei personale und soziale Bedingungen (Moderatoren oder Mediatoren, z. B. Alter, Geschlecht, Leistungsstärke, Sportart, psychische Faktoren wie Selbstwert und Perfektionismus) im Fokus stehen sollten. Daneben ist insbesondere die Anzahl von Längsschnittstudien erschreckend niedrig, weswegen immer noch die Pathogenese der Sportsucht (inkl. der Frage der primären oder sekundären Sportsucht) vielfach ein Tappen im Dunkeln ist. Aus praxisorientierter Sicht gilt es, sowohl die Falldiagnostik als auch die Therapie (weiter) zu entwickeln. Für ein Screening liegen validierte Fragebogeninstrumente vor, welche für die klinische Praxis und Diagnosestellung aber durch diagnostische Interviews ergänzt werden müssten. Es steht aus, bestimmte Verfahren als Standard bei bestimmten Verdachtsmomenten festzulegen (z. B. in der Diagnostik bei Essstörungen oder Körperbildstörungen). Hinsichtlich der Therapie gibt es weder für die Sportsucht noch für die Muskeldysmorphie empirisch gesicherte Behandlungsansätze (für das pathologische Sporttreiben bei Essstörungen hingegen wurden erste Programme entwickelt). Trotzdem sollte das Phänomen der Sportsucht und des pathologischen Bewegungsverhaltens Gegenstand der Ausbildung von Therapeuten und auch Trainern sein.

Dieses Buch hat an verschiedenen Stellen verdeutlicht, dass Sportsucht – wie viele andere Süchte – eine stark gesellschaftlich (mit-)geprägte Erkrankung ist. Soziale Einflüsse, verstärkt auch soziale Medien oder neuartige Technologien (z. B. Self-Tracking) erhöhen die Anfälligkeit für gefährdete Individuen (z. B. von Menschen mit Selbstwert- und Identitätsproblemen). Es gehört daher zur Verpflichtung aller im oder für den Sport Aktiven, die positiven Werte zu fördern, die Sport, Bewegung und körperliche Aktivität für die körperliche, psychische und soziale Entwicklung haben, denn diese stehen bei angemessener Berücksichtigung des Sports glücklicherweise im Vordergrund.

Literatur

Abele A, Brehm W, Gall TL (1991) Sportliche Aktivität und Wohlbefinden. In: Abele A, Becker P (Hrsg.) Wohlbefinden: Theorie - Empirie - Diagnostik. Juventa, München, S 279–296.

Abele A, Brehm W, Pahmeier I (1997) Sportliche Aktivität als gesundheitsbezogenes Handeln: Auswirkungen, Voraussetzungen und Förderungsmöglichkeiten. In: Schwarzer R (Hrsg.) Gesundheitspsychologie: Ein Lehrbuch. Hogrefe, Göttingen, S 117–149.

Adams J, Kirkby RJ (1998) Exercise dependence: A review of its manifestation, theory and measurement. Sports Med Training Rehab 8:265–276.

Adams J, Kirkby RJ (2002) Excessive exercise as an addiction: A review. Addict Res Theory 10:415–437.

Adams JM, Miller TW, Kraus RF (2003) Exercise dependence: Diagnostic and therapeutic issues for patients in psychotherapy. J Contemp Psychother 33:93–107.

Akehurst S, Oliver EJ (2014) Obsessive passion: A dependency associated with injury-related risky behaviour in dancers. J Sports Sci 32:259–267.

Alatas H (2019) Führen strukturelle Defizite zu einem erhöhten Risiko für eine Sportpathologie? Eine Untersuchung zu den Zusammenhängen zwischen strukturellen Defiziten und Sportsucht. Albert-Ludwigs Universität, Freiburg.

Alberti M, Galvani C, El Ghoch M, Capelli C, Lanza M, Calugi S, Dalle Grave R (2013) Assessment of physical activity in anorexia nervosa and treatment outcome. Med Sci Sport Exer 45:1643–1648.

Albrecht U, Kirschner NE, Grüsser, SM (2007) Diagnostic instruments for behavioural addiction: An overview. GMS Psychosoc Med 4:Doc11.

Alfermann D, Stoll O (2010) Nebenwirkungen von Sport. In: Stoll O, Pfeffer I, Alfermann D (Hrsg.) Lehrbuch Sportpsychologie. Huber, Bern, S 329–358.

Allegre B, Souville M, Therme P, Griffiths MD (2006) Definitions and measures of exercise dependence. Addict Res Theory 14:631–646.

American Psychiatric Association (2013) Diagnostic and Statistical Manual of Mental Disorders, 5th ed. American Psychiatric Publishing, Washington, United States [deutsch: Hogrefe: Göttingen].

Antonovsky A, Franke A (1997) Salutogenese: Zur Entmystifizierung der Gesundheit. DGVT, Tübingen.

Literatur

Antypas K, Wangberg SC (2014) An internet- and mobile-based tailored intervention to enhance maintenance of physical activity after cardiac rehabilitation: Short-term results of a randomized controlled trial. J Med Internet Res 16:e77.

Appelboom G, Taylor BE, Bruce E, Bassile CC, Malakidis C, Yang A, Youngerman B, D'Amico R, Bruce S, Bruyère O, Reginster J-Y, Dumont EPL, Connolly Jr, E Sander, Dumont EP, Connolly ES (2015) Mobile phone-connected wearable motion sensors to assess postoperative mobilization. JMIR Mhealth Uhealth 3: e78.

Armstrong LE, van Heest JL (2002) The unknown mechanism of the overtraining syndrome: Clues from depression and psychoneuroimmunology. Sports Med 32:185–209.

Aufmuth U (1983) Risikosport und Identitätsproblematik. Sportwissenschaft 13:249–271.

Baekeland F (1970) Exercise deprivation: Sleep and psychological reactions. Arch Gen Psychiatry 22:365–369.

Bamber DJ, Cockerill IM, Carroll D (2000) »It's exercise or nothing«: A qualitative analysis of exercise dependence. Br J Sports Med 34:423–430.

Bamber DJ, Cockerill IM, Rodgers S, Carroll D (2003) Diagnostic criteria for exercise dependence in women. Br J Sports Med 37:393–400.

Bartl G (2000) Sport und Sucht - Extremsportarten. In: Poppelreuter S, Gross W (Hrsg.) Nicht nur Drogen machen süchtig: Entstehung und Behandlung von stoffungebundenen Süchten. Beltz, Psychologie Verlags-Union, Weinheim, S 209–231.

Batra A, Steffen S (2014) Lernpsychologische Grundlagen einer Verhaltenssucht. In: Bilke-Hentsch O, Wölfling K, Batra A (Hrsg.) Praxisbuch Verhaltenssucht: Symptomatik, Diagnostik und Therapie bei Kindern, Jugendlichen und Erwachsenen. Georg Thieme Verlag, Stuttgart, S 35–40.

Batthyány D, Pritz A (Hrsg.) (2009) Rausch ohne Drogen: Substanzungebundene Süchte. Springer, Springer Vienna, Wien.

Belger AW (2012) The power of community: CrossFit and the force of human connection. Victory Belt Pub., Las Vegas, NV.

Berczik K, Szabó A, Griffiths MD, Kurimay T, Kun B, Urbán R, Demetrovics Z (2012) Exercise addiction: Symptoms, diagnosis, epidemiology, and etiology. Subst Use Misuse 47:403–417.

Beumont PJ, Arthur B, Russell JD, Touyz SW (1994) Excessive physical activity in dieting disorder patients: Proposals for a supervised exercise program. Int J Eat Disord 15:21–36.

Biddle SJH (2000) Emotion, mood and physical activity. In: Biddle SJ, Fox KR, Boutcher SH (Hrsg.) Physical activity and psychological well-being. Routledge, London, New York, S 63–87.

Biddle SJH, Asare M (2011) Physical activity and mental health in children and adolescents: A review of reviews. Br J Sports Med 45:886–895.

Biddle SJ, Fox KR, Boutcher SH (Hrsg.) (2000) Physical activity and psychological well-being. Routledge, London, New York.

Binford RB, Le Grange D (2005) Adolescents with bulimia nervosa and eating disorder not otherwise specified-purging only. Int J Eat Disord 38:157–161.

Bircher J, Griffiths MD, Kasos K, Demetrovics Z, Szabo A (2017) Exercise addiction and personality: A two-decade systematic review of the empirical literature (1995-2015). Balt J Sport Health Sci 3:19–33.

Blaydon MJ, Lindner KJ (2002) Eating disorders and exercise dependence in triathletes. Eat Disord 10:49–60.

Blaydon MJ, Lindner KJ, Kerr JH (2002) Metamotivational characteristics of eating-disordered and exercise-dependent triathletes: An application of reversal theory. Psychol Sport Exerc 3:223–236.

Blumenthal JA, O'Toole LC, Chang JL (1984) Is running an analogue of anorexia nervosa? An empirical study of obligatory running and anorexia nervosa. J Amer Med Assoc 252:520–523.

Boecker H, Sprenger T, Spilker ME, Henriksen G, Koppenhoefer M, Wagner KJ, Tolle, TR (2008) The runner's high: Opioidergic mechanisms in the human brain. Cereb Cortex 18:2523-2531.

Boepple L, Thompson JK (2016) A content analytic comparison of fitspiration and thinspiration websites. Int J Eat Disord 49:98–101.

Bratland-Sanda S, Sundgot-Borgen J, Rø O, Rosenvinge JH, Hoffart A, Martinsen EW (2010) »I'm not physically active - I only go for walks«: Physical activity in patients with longstanding eating disorders. Int J Eat Disord 43:88–92.

Brehm W, Bös K (2006) Gesundheitssport: Ein zentrales Element der Prävention und der Gesundheitsförderung. In: Bös K, Brehm W (Hrsg.) Handbuch Gesundheitssport. Hofmann, Schorndorf, S 7–28.

Breuer S, Kleinert J (2009) Primäre Sportsucht und bewegungsbezogene Abhängigkeit - Beschreibung, Erklärung und Diagnostik. In: Batthyány D, Pritz A (Hrsg.) Rausch ohne Drogen: Substanzungebundene Süchte. Springer, Springer Vienna, Wien, S 191–218.

Brewerton TD, Stellefson EJ, Hibbs N, Hodges EL, Cochrane CE (1995) Comparison of eating disorder patients with and without compulsive exercising. Int J Eat Disord 17:413–416.

Brown RIF (1997) A theoretical model of behavioral addictions - Applied to offending. In: Hodge J, McMurran M, Hollin CR (Hrsg.) Addicted to crime. John Wiley & Sons, West Sussex, S 13-65.

Calogero RM, Pedrotty KN (2004) The practice and process of healthy exercise: An investigation of the treatment of exercise abuse in women with eating disorders. Eat Disord 12:273-291.

Caplan G, Grunebaum H (1967) Perspectives on primary prevention: A review. Arch Gen Psychiatry 17:331-346.

Carmack MA, Martens R (1979) Measuring commitment to running: A survey of runners' attitudes and mental states. J Sport Psychol 1:25-42.

Chapman CL, De Castro JM (1990) Running addiction: Measurement and associated psychological characteristics. J Sport Med Phys Fit 30:283-290.

Choi PYL, Pope HG, Olivardia R (2002) Muscle dysmorphia: A new syndrome in weightlifters. Br J Sports Med 36:375-377.

Choma BL, Visser BA, Pozzebon JA, Bogaert AF, Busseri MA, Sadava SW (2010) Self-objectification, self-esteem, and gender: Testing a moderated mediation model. Sex Roles 63:645-656.

Cook RH, Griffiths MD, Pontes HM (2018) Personality factors in exercise addiction: A pilot study exploring the role of narcissism, extraversion, and agreeableness. Int J Ment Health Ad:1-14.

Cook B, Hausenblas H, Rossi J (2012) The moderating effect of gender on ideal-weight goals and exercise dependence symptoms. J Behav Addict 2:50-55.

Cook B, Karr TM, Zunker C, Mitchell JE, Thompson R, Sherman R, Erickson A, Cao L, Crosby RD (2015) The influence of exercise identity and social physique anxiety on exercise dependence. J Behav Addict 4:195-199.

Cook B, Leininger L (2017) The ethics of exercise in eating disorders: Can an ethical principled approach guide the next generation of research and clinical practice? J Sport Health Sci 6:295-298.

Cook BJ, Wonderlich SA, Mitchell JE, Thompson R, Sherman R, McCallum K (2016) Exercise in eating disorders treatment: Systematic review and proposal of guidelines. Med Sci Sport Exer 48:1408-1414.

Csikszentmihalyi M (1999) Das Flow-Erlebnis. Klett-Cotta, Stuttgart.

Csikszentmihalyi M (2008) Das Flow-Erlebnis. Klett-Cotta-Verlag, Stuttgart.

Csikszentmihalyi M, Jackson SA (2000) Flow im Sport. Der Schlüssel zur optimalen Erfahrung und Leistung. BLV Verlagsgesellschaft, München.

Cunningham, H. E., Pearman, S., & Brewerton, T. D. (2016) Conceptualizing primary and secondary pathological exercise using available measures of excessive exercise: Conceptualizing pathological exercise. Int Journal Eat Disord 49:778-792.

Curran T, Appleton PR, Hill AP, Hall HK (2013) The mediating role of psychological need satisfaction in relationships between types of passion for sport and athlete burnout. J Sports Sci 31:597–606.

Dalle Grave R (2009) Features and management of compulsive exercising in eating disorders. Phys Sportsmed 37:20–28.

Dalle Grave R, Calugi S, Marchesini G (2008) Compulsive exercise to control shape or weight in eating disorders: Prevalence, associated features, and treatment outcome. Compr Psychiatry 49:346–352.

Danielsen M, Bjørnelv S, Bratberg GH, Rø Ø (2018) Validation of the exercise and eating disorder questionnaire in males with and without eating disorders. Int J Eat Disord 51:429–438.

Davies CA, Spence JC, Vandelanotte C, Caperchione C, Mummery WK, Caperchione CM (2012) Meta-analysis of internet-delivered interventions to increase physical activity levels. Int J Behav Nutr Phys Act 9:52.

Davis C, Brewer H, Ratusny D (1993) Behavioral frequency and psychological commitment: Necessary concepts in the study of excessive exercising. J Behav Med 16:611–628.

Davis C, Kaptein S (2006) Anorexia nervosa with excessive exercise: A phenotype with close links to obsessive-compulsive disorder. Psychiat Res 142:209–217.

Davis C, Katzman DK, Kaptein S, Kirsh C, Brewer H, Kalmbach K, Olmsted MP, Woodside DB, Kaplan AS (1997) The prevalence of high-level exercise in the eating disorders: Etiological implications. Compr Psychiatry 38:321–326.

Davison GC, Neale JM, Hautzinger M (2007) Klinische Psychologie. Psychologie Verlags Union, Weinheim.

De Coverley Veale DMW (1987) Exercise dependence. Brit J Addict 82:735–740.

De La Torre J (1995) Mens sana in corpore sano, or exercise abuse? Clinical considerations. B Menninger Clin 59:15–31.

Deci EL, Ryan RM (1985) Intrinsic motivation and self-determination in human behavior. Plenum, New York.

Deci EL, Ryan RM (2000) The »what« and »why« of goal pursuits: Human needs and the self-determination of behavior. Psychol Inq 11:227–268.

Deutsche Gesellschaft für Psychiatrie PuN (2016) Verhaltenssüchte und ihre Folgen: Prävention, Diagnostik und Therapie: Positionspapier. Deutsche Gesellschaft für Psychiatrie, Psychotherapie und Nervenheilkunde. https://www.dgppn.de/presse/stellungnahmen/stellungnahmen-2016/verhaltenssuechte.html.

Dilling H (2010) Internationale Klassifikation psychischer Störungen: ICD-10. Huber, Bern.

Literatur

Dilling H, Mombour W, Schmidt M, Coltart I (2015) Internationale Klassifikation psychischer Störungen. ICD-10 Kapitel V (F) - Klinisch-diagnostische Leitlinien. Hogrefe, Bern.

Dittmer N, Voderholzer U, Mühlen M von der, Marwitz M, Fumi M, Mönch C, Alexandridis K, Cuntz U, Jacobi C, Schlegl S (2018) Specialized group intervention for compulsive exercise in inpatients with eating disorders: Feasibility and preliminary outcomes. J Eat Disord 6:27.

Dos Santos Filho CA, Tirico PP, Stefano SC, Touyz SW, Claudino AM (2016) Systematic review of the diagnostic category muscle dysmorphia. Aust Nz J Psychiat 50:322–333.

Douglas AC, Mills JE, Niang M, Stepchenkova S, Byun S, Ruffini C, ... Blanton M (2008). Internet addiction: Meta-synthesis of qualitative research for the decade 1996–2006. Comput Human Behav 24:3027-3044.

Duda JL, Balaguer I (2007) Coach-created motivational climate. In: Jowett S, Lavallee D (Hrsg.) Social psychology in sport. Human Kinetics, Champaign, Ill., S 117–130.

Edmunds J, Ntoumanis N (2007) Perceived autonomy support and psychological need satisfaction in exercise. In: Hagger MS, Chatzisarantis NLD (Hrsg.) Intrinsic motivation and self-determination in exercise and sport. Human Kinetics, Champaign, Ill., S 35–51.

Egorov A, Szabo A (2013) The exercise paradox: An interactional model for a clearer conceptualization of exercise addiction. J Behav Addict 2:199–208.

Ehrlich S, Burghardt R, Schneider N, Broecker-Preuss M, Weiss D, Merle JV, Craciun EM, Pfeiffer E, Mann K, Lehmkuhl U, Hebebrand J (2009) The role of leptin and cortisol in hyperactivity in patients with acute and weight-recovered anorexia nervosa. Prog Neuro-Psychoph 33:658–662.

Estok PJ, Rudy EB (1986) Physical, psychosocial, menstrual changes/risks and addiction in the female marathon runner. Health Care Women In 7:187–202.

Etkin J (2016) The hidden cost of personal quantification. J Consum Res 42:967–984.

Favaro A, Caregaro L, Burlina AB, Santonastaso P (2000) Tryptophan levels, excessive exercise, and nutritional status in anorexia nervosa. Psychosom Med 62:535–538.

Festinger L (1954) A theory of social comparison processes. Hum Relat 7:117–140.

Finkelstein EA, Haaland BA, Bilger M, Sahasranaman A, Sloan RA, Nang EEK, Evenson KR (2016) Effectiveness of activity trackers with and without incentives to increase physical activity (TRIPPA): A randomised controlled trial. Lancet Diabetes Endocrinol 4:983–995.

Foster A, Shorter G, Griffiths M (2015) Muscle dysmorphia: Could it be classified as an addiction to body image? J Behav Addict 4:1–5.

Fox KR (1999) The influence of physical activity on mental well-being. Public Health Nutr 2:411–418.

Franzkowiak P (2003) Leitbegriffe der Gesundheitsförderung: Glossar zu Konzepten, Strategien und Methoden in der Gesundheitsförderung. Fachverlag P. Sabo, Schwabenheim.

Fredrickson BL, Roberts T-A (1997) Objectification theory: Towards understanding women's lived experiences and mental health risks. Psychol Women Quart 21:173–206.

Freimuth M, Moniz S, Kim SR (2011) Clarifying exercise addiction: Differential diagnosis, co-occurring disorders, and phases of addiction. Int J Env Res Pub He 8:4069–4081.

Freiwald J, Greiwing A (2016) Optimales Krafttraining: Sport-Rehabilitation-Prävention. Spitta, Ballingen.

Fuss J, Steinle J, Bindila L, Auer MK, Kirchherr H, Lutz B, Gass P (2015) A runner's high depends on cannabinoid receptors in mice. P Natl Acad Sci Usa 112:13105–13108.

Gabler H, Kempf W (1987) Psychologische Aspekte des Langlaufs. Sportwissenschaft 17:171–183.

Gerigk U (1999) Wenn Sport zur Sucht wird. Die Frau in unserer Zeit 28:22–27.

Gerngroß E (1973) Die motivationalen Hintergründe und deren biografische Struktur beim Automobilrennsportverhalten. Dissertation, Universität Salzburg.

Glasser W (1976) Positive addiction. Harper & Row, New York.

Goodwin H, Haycraft E, Willis A-M, Meyer C (2011) Compulsive exercise: The role of personality, psychological morbidity, and disordered eating. Int J Eat Disord 44:655–660.

Göring A, Möllenbeck D (2016) Bewegungsorientierte Gesundheitsförderung an Hochschulen. Universitätsverlag Göttingen, Göttingen.

Grieve FG (2007) A conceptual model of factors contributing to the development of muscle dysmorphia. Eat Disord 15:63–80.

Griffiths M (1997) Exercise addiction: A case study. Addict Res 5:161–168.

Griffiths MD, Szabo A, Terry A (2005) The exercise addiction inventory: A quick and easy screening tool for health practitioners. Br J Sports Med 39:30–31.

Grogan S (2010) Promoting positive body image in males and females: Contemporary issues and future directions. Sex Roles 63:757–765.

Grüsser-Sinopoli SM, Thalemann CN, Grüsser SM (2006) Verhaltenssucht: Diagnostik, Therapie, Forschung. Huber, Bern.

Gulker MG, Laskis TA, Kuba SA (2001) Do excessive exercisers have a higher rate of obsessive-compulsive symptomatology? Psychol Health Med 6:387–398.

Haedt-Matt AA, Keel PK (2015) Affect regulation and purging: An ecological momentary assessment study in purging disorder. J Abnorm Psychol 124:399–411.

Hailey BJ, Bailey LA (1982) Negative addiction in runners: A quantitative approach. J Sport Behav 5:150–154.

Hale BD, Diehl D, Weaver K, Briggs M (2013) Exercise dependence and muscle dysmorphia in novice and experienced female bodybuilders. J Behav Addict 2:244–248.

Hale BD, Roth AD, DeLong RE, Briggs MS (2010) Exercise dependence and the drive for muscularity in male bodybuilders, power lifters, and fitness lifters. Body Image 7:234–239.

Hallsworth L, Wade T, Tiggemann M (2005) Individual differences in male body-image: An examination of self-objectification in recreational body builders. Brit J Health Psych 10:453–465.

Håman L, Lindgren E-C, Prell H (2017) »If it's not Iron it's Iron f*cking biggest Ironman«: Personal trainers's views on health norms, orthorexia and deviant behaviours. Int J Qual Stud Heal 12:1364602.

Hamer M, Karageorghis CI (2007) Psychobiological mechanisms of exercise dependence. Sports Med 37:477–484.

Hannus A (2013) Preliminary evidence for relations between motivation and beliefs related to exercise dependence. Acta Kinesiol Univ Tartu 18:68.

Hartung GH, Farge EJ (1977) Personality and physiological traits in middle-aged runners and joggers. J Gerontol 32:541–548.

Hausenblas HA, Cook BJ, Chittester NI (2008) Can exercise treat eating disorders? Exerc Sport Sci Rev 36:43–47.

Hausenblas HA, Dannecker EA, Focht BC (2001) Psychological effects of exercise with general and diseased populations. J Psychother Indepen Pract 2:27–47.

Hausenblas HA, Giacobbi Jr PR (2004) Relationship between exercise dependence symptoms and personality. Pers Indiv Differ 36:1265–1273.

Hausenblas HA, Symons Downs D (2002a) Exercise dependence: A systematic review. Psychol Sport Exerc 3:89–123.

Hausenblas HA, Symons Downs D (2002b) How much is too much? The development and validation of the exercise dependence scale. Psychol Health 17:387–404.

Hay P, Touyz S, Arcelus J, Pike K, Attia E, Crosby RD, Madden S, Wales J, La Puma M, Heriseanu AI, Young S, Meyer C (2018) A randomized controlled trial of the compuLsive Exercise Activity theraPy (LEAP): A new approach to compulsive exercise in anorexia nervosa. Int J Eat Disord 51:999-1004.

Hayes S, Tantleff-Dunn S (2010) Am I too fat to be a princess? Examining the effects of popular children's media on young girls' body image. Br J Devel Psychol 28:413-426.

Hebebrand J, Exner C, Hebebrand K, Holtkamp C, Casper RC, Remschmidt H, Herpertz-Dahlmann B, Klingenspor M (2003) Hyperactivity in patients with anorexia nervosa and in semistarved rats: Evidence for a pivotal role of hypoleptinemia. Physiol Behav 79:25-37.

Hefner V, Dorros SM, Jourdain N, Liu C, Tortomasi A, Greene MP, Brandom C, Ellet M, Bowles N, Greene MP, Alvares C (2016) Mobile exercising and tweeting the pounds away: The use of digital applications and microblogging and their association with disordered eating and compulsive exercise. Cogent Soc Sci 2:31.

Hildebrandt T, Langenbucher J, Schlundt DG (2004) Muscularity concerns among men: Development of attitudinal and perceptual measures. Body Image 1:169-181.

Hildebrandt T, Schlundt D, Langenbucher J, Chung T (2006) Presence of muscle dysmorphia symptomology among male weightlifters. Compr Psychiat 47:127-135.

Hitzeroth V, Wessels C, Zungu-Dirwayi N, Oosthuizen P, Stein DJ (2001) Muscle dysmorphia: A South African sample. Psychiat Clin Neuros 55:521-523.

Hohmann A, Lames M, Letzelter M (2002) Einführung in die Trainingswissenschaft. Limpert Verlag, Wiebelsheim.

Hollmann W, De Meirleier K (1988) Gehirn und Sport-hämodynamische und biochemische Aspekte. Deut Z Sportmed 39:56-64.

Hölter G (Hrsg.) (2011) Bewegungstherapie bei psychischen Erkrankungen: Grundlagen und Anwendung. Dt. Ärzte-Verl, Köln.

Horn, T. S. (2008). Advances in sport psychology. Human Kinetics.

Homan K (2010) Athletic-ideal and thin-ideal internalization as prospective predictors of body dissatisfaction, dieting, and compulsive exercise. Body Image 7:240-245.

Homan K, McHugh E, Wells D, Watson C, King C (2012) The effect of viewing ultra-fit images on college women's body dissatisfaction. Body Image 9:50-56.

Hottenrott K, Neumann G (2017) Theorien und Modelle der Adaptation an Training. In: Hottenrott K, Seidel I (Hrsg.) Handbuch Trainingswissenschaft – Trainingslehre. Hofmann, Schorndorf, S 43-61.

Howard MO (2002) The exercise dependence criteria. Washington University, St. Louis, MO.

Hubbard ST, Gray JJ, Parker S (1998) Differences among women who exercise for ›food related‹ and ›non-food related‹ reasons. Eur Eat Disorders Rev 6:255–265.

Hurst R, Hale B, Smith D, Collins D (2000) Exercise dependence, social physique anxiety, and social support in experienced and inexperienced bodybuilders and weightlifters. Br J Sports Med 34:431–435.

IKK classics (2014) Umfrage Medizin- und Gesundheits-Apps. https://www.ikk-classic.de/assets/919_ikkc_web_pdf. [Letzter Zugriff 21.8.2019]

Jacobi C, Zwaan M de (2011) Essstörungen. In: Wittchen H-U, Hoyer J (Hrsg.) Klinische Psychologie & Psychotherapie. Springer, Heidelberg, S 1053–1081.

Karazsia BT, Crowther JH (2009) Social body comparison and internalization: Mediators of social influences on men's muscularity-oriented body dissatisfaction. Body Image 6:105–112.

Karazsia BT, van Dulmen MHM, Wong K, Crowther JH (2013) Thinking metatheoretically about the role of internalization in the development of body dissatisfaction and body change behaviors. Body Image 10:433–441.

Keegan RJ, Spray C, Harwood C, Lavallee D, Keegan R (2010) The motivational atmosphere in youth sport: Coach, parent, and peer influences on motivation in specializing sport participants. J Appl Sport Psychol 22:87–105.

Kerr JH, Lindner KJ, Blaydon MJ (2007) Exercise dependence. Routledge, London, New York.

Keski-Rahkonen A (2001) Exercise dependence - a myth or a real issue? Eur Eat Disorders Rev 9:279–283.

Klein AM (1993) Little big men: Bodybuilding subculture and gender construction. State University of New York Press, New York.

Kleinert J (2014) Suchtartiges Bewegungs- und Sportverhalten. In: Bilke-Hentsch O, Wölfling K, Batra A (Hrsg.) Praxisbuch Verhaltenssucht: Symptomatik, Diagnostik und Therapie bei Kindern, Jugendlichen und Erwachsenen. Georg Thieme Verlag, Stuttgart, S 167–189.

Kleinert J, Hoyer J, Raven H (2013) Zwanghaftes und extrinsisch reguliertes Sport- und Bewegungsverhalten. In: Hoefert H-W, Klotter C (Hrsg.) Gesundheitszwänge. Pabst Science Publishers, Lengerich, S 306–325.

Kleinert J, Wasserkampf A (2016) Sport zwischen Zwang und Lust: Suchtorientierte Betrachtungen egosyntoner und egodystoner Regulationsmuster aus Sicht der Selbstbestimmungstheorie. Rausch 5:223–238.

Kline TJB, Franken RE, Rowland GL (1994) A psychometric evaluation of the exercise salience scale. Pers Indiv Differ 16:509–511.

Kohut H (1973) Narzißmus. Suhrkamp Verlag, Frankfurt a-M.

Kovacsik R, Griffiths MD, Pontes HM, Soós I, La Vega R de, Ruíz-Barquín R, Demetrovics Z, Szabo A (2018a) The role of passion in exercise addiction, exercise volume, and exercise intensity in long-term exercisers. Int J Ment Health Ad 10:49.

Kovacsik R, Soós I, La Vega R de, Ruíz-Barquín R, Szabo A (2018b) Passion and exercise addiction: Healthier profiles in team than in individual sports. Int J Sport Exerc Psychol 21:1–11.

Krauth J (1995) Testkonstruktion und Testtheorie. Beltz, Weinheim.

Kubinger KD (2003) Gütekriterien. In: Kubinger KD, Jäger RS (Hrsg.) Schlüsselbegriffe der Psychologischen Diagnostik. Beltz PVU, Weinheim, S 195-201.

Küchenhoff J (1992) [Some dimensions of the forgotten body in psychoanalysis and psychosomatic medicine]. Psychother Psychosom Med Psychol 42:24–30.

Küchenhoff J (2012) Körper und Sprache. Psychosozial-Verlag, Gießen.

La Vega R de, Parastatidou IS, Ruíz-Barquín R, Szabo A (2016) Exercise addiction in athletes and leisure exercisers: The moderating role of passion. J Behav Addict 5:325–331.

Laaser U, Hurrelmann K, Wolters P (1993) Prävention, Gesundheitsförderung & Gesundheitserziehung. In: Hurrelmann K, Laaser U, Hurrelmann K (Hrsg.) Gesundheitswissenschaften: Handbuch für Lehre, Forschung und Praxis. Beltz, Weinheim, S 176–203.

Landolfi E (2013) Exercise addiction. Sports Med 43:111–119.

Lantz CD, Rhea DJ, Cornelius AE (2002) Muscle dysmorphia in elite-level power lifters and bodybuilders: a test of differences within a conceptual model. J Strength Cond Res 16:649–655.

Lejoyeux M, Avril M, Richoux C, Embouazza H, Nivoli F (2008) Prevalence of exercise dependence and other behavioral addictions among clients of a Parisian fitness room. Compr Psychiat 49:353–358.

Lejoyeux M, Guillot C, Chalvin F, Petit A, Lequen V (2012) Exercise dependence among customers from a Parisian sport shop. J Behav Addict 1:28–34.

Levallius J, Collin C, Birgegård A (2017) Now you see it, now you don't: Compulsive exercise in adolescents with an eating disorder. J Eat Disord 5:9.

Levine M, Murnen SK (2009) Everybody knows that mass media are/are not [pick one] a cause if eating disorders: A critical review of evidence for a causal link between media, negative body image, and disordered eating in females. J Soc Clin Psychol 28:9–42.

Lichtenstein MB, Christiansen E, Bilenberg N, Stoving RK (2014) Validation of the exercise addiction inventory in a Danish sport context. Scand J Med Sci Spor 24:447–453.

Lichtenstein MB, Emborg B, Hemmingsen SD, Hansen NB (2017a) Is exercise addiction in fitness centers a socially accepted behavior? Addict Behav Rep 6:102–105.

Lichtenstein MB, Griffiths MD, Hemmingsen SD, Støving RK (2018) Exercise addiction in adolescents and emerging adults - Validation of a youth version of the Exercise Addiction Inventory. J Behav Addict 7:117–125.

Lichtenstein MB, Hinze CJ, Emborg B, Thomsen F, Hemmingsen SD (2017b) Compulsive exercise: Links, risks and challenges faced. Psychol Res Behav Manag 10:85–95.

Lichtenstein MB, Jensen TT (2016) Exercise addiction in CrossFit: Prevalence and psychometric properties of the Exercise Addiction Inventory. Addict Behav Rep 3:33–37.

Long CG, Smith J, Midgley M, Cassidy T (1993) Over-exercising in anorexic and normal samples: Behaviour and attitudes. J Ment Health 4:321–327.

Longobardi C, Prino LE, Fabris MA, Settanni M (2017) Muscle dysmorphia and psychopathology: Findings from an Italian sample of male bodybuilders. Psychiat Res 256:231–236.

Loumidis KS, Wells A. (1998) Assessment of beliefs in exercise dependence: The development and preliminary validation of the Exercise Beliefs Questionnaire. Pers Indiv Differ 25:553–567.

Lyons HA, Cromey R (1989) Compulsive jogging: Exercise dependence and associated disorder of eating. Ulster Med J 58:100–102.

Mann K (2014) Verhaltenssüchte. Springer Verlag, Berlin Heidelberg.

Martin SJ, Racine SE (2017) Personality traits and appearance-ideal internalization: Differential associations with body dissatisfaction and compulsive exercise. Eat Behav 27:39–44.

Mayolas-Pi C, Simon-Grima J, Peñarrubia-Lozano C, Munguía-Izquierdo D, Moliner-Urdiales D, Legaz-Arrese A (2016) Exercise addiction risk and health in male and female amateur endurance cyclists. J Behav Addict 6:74–83.

McCaig D, Bhatia S, Elliott MT, Walasek L, Meyer C (2018) Text-mining as a methodology to assess eating disorder-relevant factors: Comparing mentions of fitness tracking technology across online communities. Int J Eat Disord 51:647–655.

McCreary DR, Hildebrandt TB, Heinberg LJ, Boroughs M, Thompson JK (2007) A review of body image influences on men's fitness goals and supplement use. Am J Mens Health 1:307–316.

McNamara J, McCabe MP (2013) Development and validation of the Exercise Dependence and Elite Athletes Scale. Perform Enhanc Health 2:30–36.

Menczel Z, Kovacs E, Farkas J, Magi A, Eisinger A, Kun B, Demetrovics Z (Hrsg.) (2013) Prevalence of exercise dependence and eating disorders among clients of fitness centers in Budapest. J Behav Addict 2:23–24.

Meyer C, Taranis L (2011) Exercise in the eating disorders: Terms and definitions. European Eating Disorders Review. J Eat Disord 19:169–173.

Meyer C, Taranis L, Goodwin H, Haycraft E (2011) Compulsive exercise and eating disorders. Eur Eat Disorders Rev 19:174–189.

Mitchell L, Murray SB, Cobley S, Hackett D, Gifford J, Capling L, O'Connor H (2017) Muscle dysmorphia symptomatology and associated psychological features in bodybuilders and non-bodybuilder resistance trainers: A systematic review and meta-analysis. Sports Med 47:233–259.

Modolo VB, Antunes HKM, Gimenez, PRB de, Mello Santiago ML de, Tufik S, Mello MT de (2011) Negative addiction to exercise: Are there differences between genders? Clinics 66:255–260.

Mond JM, Hay PJ, Rodgers B, Owen C (2006) An update on the definition of »excessive exercise« in eating disorders research. Int J Eat Disord 39:147–153.

Monell E, Levallius J, Forsén Mantilla E, Birgegård A (2018) Running on empty – A nationwide large-scale examination of compulsive exercise in eating disorders. J Eat Disord 6:11.

Mónok K, Berczik K, Urbán R, Szabo A, Griffiths MD, Farkas J, Magi A, Eisinger A, Kurimay T, Kökönyei G, Kun B, Paksi B, Demetrovics Z (2012) Psychometric properties and concurrent validity of two exercise addiction measures: A population wide study. Psychol Sport Exerc 13:739–746.

Monroe CM, Thompson DL, Bassett DR, Fitzhugh EC, Raynor HA (2015) Usability of mobile phones in physical activity – related research: A systematic review. J Health Educ 46:196–206.

Morgan WP (1979) Negative addiction in runners. Phys Sportsmed 7:57–70.

Morrow JR, Harvey P (1990) Exermania. J AHIMA 9:31–32.

Mosley PE (2009) Bigorexia: Bodybuilding and muscle dysmorphia. Eur Eat Disorders Rev 17:191–198.

Müller A, Claes L, Smits D, Gefeller O, Hilbert A, Herberg A, Müller V, Hofmeister D, Zwaan M de (2013) Validation of the German version of the Exercise Dependence Scale. Eur J Psychol Assess 29:213–219.

Müller A, Cook B, Zander H, Herberg A, Müller V, Zwaan M de (2014) Does the German version of the Exercise Dependence Scale measure exercise dependence? Psychol Sport Exerc 15:288–292.

Murray SB, Maguire S, Russell J, Touyz SW (2012a) The emotional regulatory features of bulimic episodes and compulsive exercise in muscle dysmorphia: A case report. Eur Eat Disorders Rev 20:68–73.

Murray SB, Rieger E, Hildebrandt T, Karlov L, Russell J, Boon E, Dawson RT, Touyz SW (2012b) A comparison of eating, exercise, shape, and weight related symptomatology in males with muscle dysmorphia and anorexia nervosa. Body Image 9:193–200.

Murray SB, Rieger E, Karlov L, Touyz SW (2013a) An investigation of the transdiagnostic model of eating disorders in the context of muscle dysmorphia. Eur Eat Disorders Rev 21:160–164.

Murray SB, Rieger E, Karlov L, Touyz SW (2013b) Masculinity and femininity in the divergence of male body image concerns. J Eat Disord 1:11.

Nieuwoudt JE, Zhou S, Coutts RA, Booker R (2012) Muscle dysmorphia: Current research and potential classification as a disorder. Psychol Sport Exerc 13:569–577.

Nißen M (2013) Quantified self - An exploratory study on the profiles and motivations of self-tracking. Bachelor-Thesis, Karlsruhe.

Noetel M, Dawson L, Hay P, Touyz S (2017) The assessment and treatment of unhealthy exercise in adolescents with anorexia nervosa: A Delphi study to synthesize clinical knowledge. Int J Eat Disord 50:378–388.

Norman GJ, Zabinski MF, Adams MA, Rosenberg DE, Yaroch AL, Atienza AA (2007) A review of eHealth interventions for physical activity and dietary behavior change. Am J Prev Med 33:336–345.

Ogden J, Veale D, Summers Z (1997) The development and validation of the exercise dependence questionnaire. Addict Res Theory 5:343–356.

Olivardia R (2001) Mirror, mirror on the wall, who's the largest of them all? The features and phenomenology of muscle dysmorphia. Harvard Rev Psychiat 9:254–259.

Olivardia R, Pope Jr HG, Hudson JI, Olivardia R, Pope HG, Hudson JI (2000) Muscle dysmorphia in male weightlifters: A case-control study. Am J Psychiatry 157:1291–1296.

Orford J (2001) Excessive appetites: A psychological view of addictions. John Wiley & Sons Ltd., New York.

Paradis KF, Cooke LM, Martin LJ, Hall CR (2013) Too much of a good thing? Examining the relationship between passion for exercise and exercise dependence. Psychol Sport Exerc 14:493–500.

Parastatidou IS, Doganis G, Theodorakis Y, Vlachopoulos SP (2014) The mediating role of passion in the relationship of exercise motivational regulations with exercise dependence symptoms. Int J Ment Health Ad 12:406–419.

Parent M (2013) Clinical considerations in etiology, assessment, and treatment of men´s muscularity-focused body image disturbance. Psychol Men Masculin 14:88–100.

Parke J, Griffiths M. (2008). Participant and non-participant observation in gambling environments. Enquire 1:1-14.

Pasman L, Thompson JK (1988) Body image and eating disturbance in obligatory runners, obligatory weightlifters, and sedentary individuals. Int J Eat Disord 7:759–769.

Patel S, Park H, Bonato P, Chan L, Rodgers M (2012) A review of wearable sensors and systems with application in rehabilitation. J Neuroeng Rehabil 9:21.

Payk TR (2007). Psychopathologie. Springer Medizin Verlag, Heidelberg.

Peñas-Lledó E, Vaz Leal FJ, Waller, G (2002) Excessive exercise in anorexia nervosa and bulimia nervosa: Relation to eating characteristics and general psychopathology. Int J Eat Disord 31:370-375.

Philippe FL, Vallerand RJ, Houlfort N, Lavigne GL, Donahue EG (2010) Passion for an activity and quality of interpersonal relationships: The mediating role of emotions. J Pers Soc Psychol 98:917–932.

Pierce EF (1994) Exercise dependence syndrome in runners. Sports Med 18:149–155.

Pierce EF, Rohaly KA, Fritchley B (1997) Sex differences on exercise dependence for men and women in a marathon road race. Percept Motor Skills 84:991–994.

Plateau CR, Bone S, Lanning E, Meyer C (2018) Monitoring eating and activity: Links with disordered eating, compulsive exercise, and general wellbeing among young adults. Int J Eat Disord 51:1270-1276.

Pope HG, Gruber AJ, Mangweth B, Bureau B, deCol C., Jouvent R (2000a) Body image perception among men in three countries. Am J Psychiatry 157:1297–1301.

Pope HG, JR., Gruber AJ, Choi P, Olivardia R, Phillips KA (1997) Muscle dysmorphia. An underrecognised form of body dysmorphic disorder. Psychosomatics 38:548–557.

Pope HG, JR., Katz D. L., Hudson J. I. (1993) Anorexia nervosa and »reverse anorexia« among 108 male bodybuilders. Compr Psychiat 34:406–409.

Pope H, Pope HG, Phillips KA, Olivardia R (2000b) The Adonis complex: The secret crisis of male body obsession. Simon and Schuster, New York.

Raglin JS, Wilson GS, Galper D (2007) Exercise and its effects on mental health: Chapter 16. In: Bouchard C, Blair SN, Haskell WL (Hrsg.) Physical activity and health. Human Kinetics, Champaign, IL, S 247–257.

Raven H, Wasserkampf A, Kleinert J (2017) Self-Tracking zwischen Bedürfnisbefriedigung und Suchtverhalten - Werden die Grundbedürfnisse unterstützt oder eingeschränkt? In: Zuber C, Schmid J, Schmidt M, Wegner M, Conzelmann A (Hrsg.) Gelingende Entwicklung im Lebenslauf: Abstractband der 49. Jahrestagung der Arbeitsgemeinschaft für Sportpsychologie. Bern Open Publishing, Bern, S 95–96.

Reichert M, Schlegel S, Jagau F, Timm I, Wieland L, Ebner-Priemer U, Hartmann A, Zeeck A (2019) Mood and dysfunctional cognitions constitute within-subject antecedents and consequences of exercise in eating disorders. Psychother Psychosom, 2019 Nov 8:13. doi: 10.1159/000504061

Reinhardt C, Wiener S, Heimbeck A, Stoll O, Lau A, Schliermann R (2008) Flow in der Sporttherapie der Depression - ein beanspruchungsorientierter Ansatz. Bewegungstherapie und Gesundheitssport 24:147–151.

Rossi B, Cereatti L (1993) The sensation seeking in mountain athletes as assessed by Zuckerman's Sensation Seeking Scale. Int J Sport Psychol 24:417–431.

Rost R (2005) Sport- und Bewegungstherapie bei inneren Krankheiten: Lehrbuch für Sportlehrer, Übungsleiter, Physiotherapeuten und Sportmediziner. Dt. Ärzte-Verl., Köln.

Ruby AL (2008) In sickness and in health: Exercise addiction and the Ironman triathlete. The University of Iowa.

Rudy EB, Estok PJ (1989) Measurement and significance of negative addiction in runners. Western J Nurs Res 11:548–558.

Sachs ML, Pargman D (1979) Running addiction: A depth interview examination. J Sport Behav 2:143–155.

Sachs ML, Pargman D (1984) Running addiction. In: Sachs ML, Buffone GW (Hrsg.) Running as therapy. An integrated approach. University of Nebraska Press, Lincoln, S 231–352.

Santarnecchi E, Dèttore D (2012) Muscle dysmorphia in different degrees of bodybuilding activities: Validation of the Italian version of Muscle Dysmorphia Disorder Inventory and Bodybuilder Image Grid. Body Image 9:396–403.

Schack T (2000) Laufsucht und Aspekte von Ausdauersport aus einer gesundheitspsychologischen Perspektive. In: Ziemainz H, Stoll O, Schmidt U (Hrsg.) Psychologie in Ausdauersportarten. AFRA Verlag, Butzbach, S 123–143.

Schipfer M (2015) Sportbindung und Sportsucht im Ausdauersport: Theorie-Diagnostik-Empirie. Kovac, Hamburg.

Schlegel S, Hafner D, Hartmann A, Fuchs R, Zeeck A (2012) Ambulante Sporttherapie für Patientinnen mit Essstörungen. Psychother Psychosom Med Psychol 62:456–462.

Schlegel S, Hartmann A, Fuchs R, Zeeck A (2015) The Freiburg sport therapy program for eating disordered outpatients: A pilot study. Eat Weight Disord 20:319–327.

Schmidt-Atzert, L., & Amelang, M. (2012). Psychologische Diagnostik (Lehrbuch mit Online-Materialien). Springer Science & Business Media, Berlin.

Segar M (2017) Activity tracking + motivation science: Allies to keep people moving for a lifetime. ACSM's Health Fit J 21:8–17.

Sharon T (2017) Self-tracking for health and the quantified self: Re-articulating autonomy, solidarity, and authenticity in an age of personalized healthcare. Philos Technol 30:93–121.

Shin G, Cheon E, Jarrahi, Mohammad, H. (2015) Understanding quantified-selfers' interplay between intrinsic and extrinsic motivation in the use of activity-tracking devices: Conference Poster iConference 2015 Proceedings.

Shroff H, Reba L, Thornton LM, Tozzi F, Klump KL, Berrettini WH, Brandt H, Crawford S, Crow S, Fichter MM, Goldman D, Halmi KA, Johnson C, Kaplan AS, Keel P, LaVia M, Mitchell J, Rotondo A, Strober M, Treasure J, Blake Woodside D, Kaye WH, Bulik CM (2006) Features associated with excessive exercise in women with eating disorders. Int J Eat Disord 39:454–461.

Shull PB, Jirattigalachote W, Hunt MA, Cutkosky MR, Delp SL (2014) Quantified self and human movement: A review on the clinical impact of wearable sensing and feedback for gait analysis and intervention. Gait Posture 40:11–19.

Sicilia Á, Alcaraz-Ibáñez M, Lirola M-J, Burgueño R (2017) Influence of goal contents on exercise addiction: Analysing the mediating effect of passion for exercise. J Hum Kinet 59:143–153.

Smith D, Hale B (2004) Validity and factor structure of the bodybuilding dependence scale. Brit J Sports Med 38:177–181.

Smith D, Hale BD (2011) Exercise dependence. In: Lavallee D, Tod D (Hrsg.) The psychology of strength training and conditioning. Routledge, London, S 126-147.

Smith DK, Hale BD, Collins D. (1998) Measurement of exercise dependence in bodybuilders. J Sport Med Phys Fit 38:66–74.

Smolak L, Stein JA (2010) A longitudinal investigation of gender role and muscle building in adolescent boys. Sex Roles 63:738–746.

St. Clair Gibson A, Grobler LA, Collins M, Lambert MI, Sharwood K, Derman EW, Noakes TD (2006) Evaluation of maximal exercise performance, fatigue, and depression in athletes with acquired chronic training intolerance. Clin J Sport Med 16:39–45.

Stahlberg D, Frey D (1997) Konsistenztheorien. In: Frey D, Frey-Greif (Hrsg.) Sozialpsychologie: Ein Handbuch in Schlüsselbegriffen. Beltz, Weinheim, S 215–221.

Stoll O (2016) Maladaptive Bewältigungsstrategien im Sport. In: Fuchs R, Gerber M (Hrsg.) Handbuch Stressregulation und Sport. Springer, Berlin, S 1-27.

Stoll O (2017) Sportsucht. PiD 18:66–69.

Stoll O, Rolle J (1997) Persönlichkeitsprofile und habituelle Streßbewältigung bei Ultralangstrecken-Läufern. Sportwissenschaft 27:161–172.

Stoll O, Ziemainz H (2012) Laufen psychotherapeutisch nutzen. Springer, Berlin.

Sundgot-Borgen J, Rosenvinge JH, Bahr R, Schneider LS (2002) The effect of exercise, cognitive therapy, and nutritional counseling in treating bulimia nervosa. Med Sci Sport Exer 34:190–195.

Sussman S, Leventhal A, Bluthenthal RN, Freimuth M, Forster M, Ames SL (2011a) A framework for the specificity of addictions. Int J Env Res Pub He 8:3399–3415.

Sussman S, Lisha N, Griffiths M (2011b) Prevalence of the addictions: A problem of the majority or the minority? Eval Health Prof 34:3–56.

Swan M (2009) Emerging patient-driven health care models: An examination of health social networks, consumer personalized medicine and quantified self-tracking. Int J Env Res Pub He 6:492–525.

Swan M (2012) Health 2050: The realization of personalized medicine through crowdsourcing, the quantified self, and the participatory biocitizen. J Pers Med 2:93–118.

Symons Downs D, Hausenblas HA, Nigg CR (2004) Factorial validity and psychometric examination of the Exercise Dependence Scale-Revised. Meas Phys Educ Exerc Sci 8:183–201.

Szabo A (1995) The impact of exercise deprivation on well-being of habitual exercisers. Aust J Sci Med Sport 27:68–75.

Szabo A (2000) Physical activity as a source of psychological dysfunction. In: Biddle SJ, Fox KR, Boutcher SH (Hrsg.) Physical activity and psychological well-being. Routledge, London, New York, S 130–153.

Taranis L, Touyz S, Meyer C (2011a) Disordered eating and exercise: Development and preliminary validation of the Compulsive Exercise Test (CET). Eur Eat Disorders Rev 19:256–268.

Taranis L, Touyz S, La Puma M, Meyer C (2011b) Loughborough Eating-disorders Activity Programme: Group cognitive-behavioural therapy for compulsive exercise in the eating disorders: Therapist manual. Unpublizierter Text.

Terry A, Szabó A, Griffiths MD (2004) The Exercise Addiction Inventory: A new brief screening tool. Addict Res Theory 12:489–499.

Thalemann CN (2009) Verhaltenssucht. In: Batthyány D, Pritz A (Hrsg.) Rausch ohne Drogen: Substanzungebundene Süchte. Springer, Springer Vienna, Wien, S 1–17.

Thome J, Espelage DL (2004) Relations among exercise, coping, disordered eating, and psychological health among college students. Eat Behav 5:337–351.

Thompson JK, Blanton P (1987) Energy conservation and exercise dependence: A sympathetic arousal hypothesis. Med Sci Sport Exer 19:91–99.

Thompson JK, Heinberg L, Altabe M, Tantleff-Dunn S (1999) Exacting beauty: Theory, asessment and treatment of body image disturbance. American Psychological Association, Washington, DC.

Thompson JK, van den Berg P, Roehrig M, Guarda AS, Heinberg LJ (2004) The sociocultural attitudes towards appearance scale-3 (SATAQ-3): Development and validation. Int J Eat Disord 35:293–304.

Tod D, Lavallee D (2010) Towards a conceptual understanding of muscle dysmorphia development and sustainment. Int Rev Sport Exer P 3:111–131.

Treasure J, Zipfel S, Micali N, Wade T, Stice E, Claudino A, Schmidt U, Frank GK, Bulik CM, Wentz E (2015) Anorexia nervosa. Nat Rev Dis Primers 1:15074.

Tucker R, Collins M (2012) What makes champions? A review of the relative contribution of genes and training to sporting success. Br J Sports Med 46:555–561.

Vallerand RJ (2006) Passion in sport: A look at determinants and affective experiences. J Sport Exerc Psychol 28:454–478.

Vallerand RJ, Blanchard C, Mageau GA, Koestner R, Ratelle C, Leonard M, Gagne M, Marsolais J (2003) Les passions de l'ame: On obsessive and harmonious passion. J Pers Soc Psychol 85:756–767.

Vallerand RJ, Donahue EG, Lafrenière MAK (2011) Passion in sport: A look at athletes, coaches and fans. In: Morris T, Terry P (Hrsg.) Sport and exercise psychology: The cutting. Routledge, Sydney, S 583–607.

Vallerand RJ, Mageau GA, Elliot AJ, Dumais A, Demers M-A, Rousseau F (2008) Passion and performance attainment in sport. Psychol Sport Exerc 9:373–392.

Vancampfort D, Herdt A de, Vanderlinden J, Lannoo M, Adriaens A, Hert M de, Stubbs B, Soundy A, Probst M (2015) The functional exercise capacity and its correlates in obese treatment-seeking people with binge eating disorder: An exploratory study. Disabil Rehabil 37:777–782.

Vansteelandt K, Rijmen F, Pieters G, Probst M, Vanderlinden J (2007) Drive for thinness, affect regulation and physical activity in eating disorders: A daily life study. Behav Res Ther 45:1717–1734.

Veale DMW (1995) Does primary exercise dependence really exist? In: Annett J, Cripps B, Steinberg H (Hrsg.) Exercise addiction: Motivation for participation in sport and exercise. BPS, Leicester, S 1–5.

Villella C, Martinotti G, Di Nicola M, Cassano M, La Torre G, Gliubizzi MD, Messeri I, Petruccelli F, Bria P, Janiri L (2011) Behavioural addictions in adolescents and young adults: Results from a prevalence study. J Gambl Stud 27:203–214.

Wasserkampf A, Raven H, Kleinert J (2017) Das Quantified-Self quantifizieren: Eine Studie zum Nutzungs- und Motivationsprofilen von Self-TrackerInnen basierend auf der Selbstbestimmungstheorie. In: Zuber C, Schmid J, Schmidt M, Wegner M, Conzelmann A (Hrsg.) Gelingende Entwicklung im Lebenslauf: Abstractband der 49. Jahrestagung der Arbeitsgemeinschaft für Sportpsychologie. Bern Open Publishing, Bern, S 124.

Weilbach S (2007) Körperbildstörungen bei langjährigen Fitness-Sportlern. Unveröffentlichte Dissertation, Lübeck.
Weineck J (2007) Optimales Training. Spitta, Ballingen.
Weinstein A, Weinstein Y (2014) Exercise addiction-diagnosis, bio-psychological mechanisms and treatment issues. Curr Pharm Design 20:4062–4069.
Welter V (2019) Übersetzung und Validierung eines Instruments zur Erfassung von Muskeldysmorphie. Medizinische Promotion, Albert-Ludwigs-Universität Freiburg.
WHO (2019). ICD-11: International Classification of Diseases 11th Revision. Available from https://icd.who.int/en/. [Zugriff: 20.7.2019]
Willig C (2008) A phenomenological investigation of the experience of taking part in ›extreme sports‹. J Health Psychol 13:690–702.
Wölfling K, Müller KW, Beutel ME (2010) Diagnostische Testverfahren: Skala zum Onlinesuchtverhalten bei Erwachsenen (OSVe-S). In: Mücken D, Teske A, Rehbein F, te Wildt B (Hrsg.) Prävention, Diagnostik und Therapie von Computerspielabhängigkeit. Pabst Science Publishers, Lengerich, S 212–215.
Wood, RTA, Griffiths, MD (2007). Online data collection from gamblers: Methodological issues. Int J Ment Health Addict 5:151-163
Yates A, Edman JD, Crago M, Crowell D, Zimmermann R (1999) Measurement of exercise orientation in normal subjects: Gender and age differences. Pers Indiv Differ 27:199–209.
Youngman J, Simpson D (2014) Risk for exercise addiction: A comparison of triathletes training for sprint-, Olympic-, half-ironman-, and ironman-distance triathlons. J Clin Sport Psychol 8:19-37.
Zeeck A, Alatas H, Welter V, Hartmann A (2015) Exploring the relationship between psychological structure and exercise dependence. Proceedings, 14th European Congress of Sport Psychology, 14-19 July 2015, Bern, Switzerland, S. 170. https://www.fepsac.com/congresses/former-congresses/Download_proceedings
Zeeck A, Leonhart R, Mosebach N, Schlegel S, Linster HW, Hartmann A (2013) Psychopathologische Aspekte von Sport: Eine deutsche Adaptation der »Exercise Dependence Scale« (EDS-R). Zeitschr Sportpsychol 20:94–106.
Zeeck A, Schlegel S (2012) Essstörungen und Sport. In: Fuchs R, Schlicht W (Hrsg.) Seelische Gesundheit und sportliche Aktivität. Hogrefe, Göttingen, S 229–250.
Zeeck A, Schlegel S (2013) Sportprogramme und sporttherapeutische Interventionen bei Essstörungen – eine Übersicht. PiD 4:62–64.
Zeeck A, Schlegel S, Giel KE, Junne F, Kopp C, Joos A, Davis C, Hartmann A (2017) Validation of the German version of the commitment to exercise scale. Psychopathology 50:146–156.

Zeeck A, Welter V, Alatas H, Hildebrandt T, Lahmann C, Hartmann A (2018) Muscle Dysmorphic Disorder Inventory (MDDI): Validation of a German version with a focus on gender. PLOS ONE 13:e0207535.

Ziemainz H, Stoll O, Drescher A, Erath R, Schipfer M, Zeulner B (2013) Die Gefährdung zur Sportsucht in Ausdauersportarten. Deut Z Sportmed 2013:57–64.

Zmijewski CF, Howard MO (2003) Exercise dependence and attitudes toward eating among young adults. Eat Behav 4:181–195.

Stichwortregister

A

Abenteuer- und Erlebnissport 51
Affektregulation 27
Affekttoleranz und -regulation 82
Alter 58, 92
Ängste 94
Anorexia nervosa 60
Apps 83
Ästhetiktyp 51
Aufklärung 182
Aufwand 28
Ausdauer 53
Ausdauertyp 50

B

Bedürfnisse 178
Behandlungsprogramme 157
Belastungsnormative 58
Beobachtung 152
Beobachtung, indirekte 153
Beruf 20, 56
Bewegungsunruhe 63
Bewusstseinsbildung 182
Binge-Eating-Störung 60
Bodybuilding 75, 90
Bulimia nervosa 60

C

CrossFit 89
Cut-Off-Werte 35, 136

D

Diagnostik, körperliche 155
Diagnostisches Interview 148
Differentialdiagnostik 156
Disäquilibrationseffekte 177

E

Egodystone Sportsucht 48–49
Egosyntone Sportsucht 48–49
Endorphin 55, 101
Entzugssymptome 26, 70
Erlebnistyp 51
Ernährung 29
Ernährungsverhalten 81
Essstörungen 60
Exercise Addiction Inventory 133
Exercise Dependence Scale (EDS) 95, 133
Exzessives Sporttreiben 18

F

Familie 20, 56
Fitness 89
Fitnesssport 89
Flow 104
Fragebögen 36, 154
Fragebögen, Gütekriterien 134
Fragebogendiagnostik 131
Freiburger Sporttherapieprogramm 168
Früherkennung 181

G

Geschlecht 57, 92
Gesundheitsförderung 175
Gewichtheben 90

H

Harmonische Leidenschaft 121
Harmonische Passung 178
HEB (»Healthy Exercise Behavior«) –
Programm 172

I

Intrinsische Motivation 86, 178
Introjizierte Motivation 124

K

Klinische Diagnostik 135, 143
– Meta-Kriterien 144
Komorbidität 51, 99
Konflikt 30
Kontrollverlust 28
Körperbildstörungen 52
Körpererleben 126
Körperkonzept 20
Körperliche Befindlichkeit 177
Körperliche Symptomatik 27
Körperschemastörung 74
Körperunzufriedenheit 127
Körperwahrnehmung 74, 94
Kraft 90
Kraftdreikampf 90
Kraftsport 89
Krafttraining 81
Krankheitseinsicht 21
Kriterien der Sportsucht 24, 143

L

Laufen 56
Lebenszeitprävalenz 42
Leidenschaft 120
Leidensdruck 21, 146
Loughborough Eating-Disorders
Actvity-Programm (LEAP) 167

M

Maladaptivität 19, 30
Medieneinfluss 126
Messinstrumente 36
Modell 98
Motivation 158
Motivationales Klima 183
Muskeldysmorphie 73, 90, 174
Muskularität 73

N

Narzissmus 86
Non-Intentionalität 27

O

Objektivierungstheorie 127
Obsessive Sportleidenschaft 121
Online-Blogs 87

P

Persönlichkeitsentwickung 178
Persönlichkeitsstörungen 53
Prävalenz 33, 37
Prävalenz im Kraftsport 91
Prävalenz, Ausdauersport 55
Prävention 175, 179

Stichwortregister

- primäre 175
- sekundäre 176
Primäre Sportsucht 41, 46, 63, 99
Psychoedukation 159
purging 60

Q

Qualität des Sporttreibens 64
Quantität des Sporttreibens 65
Quantitative Verfahren 132

R

Radsport 56
Risikofaktoren 69

S

Schmerzmittel 31
Schönheitsideal 125
Screening 56
Sekundäre Sportsucht 41, 46, 63
Selbstdisziplin 86
Selbstideal 128
Selbstmonitoring 161
Selbstvermessen 83
Selbstwertregulation 127
Selbstzentriertheit 86
Selektion 99
Self-Tracking 83
Smartphone 84
Sozial kontrollierte Motivation 87
Soziale Vernachlässigung 30
Sozialer Rückzug 74
Sozialisation 99

Sozialisationshypothese 180
Sporttherapieprogramm von Calogero & Pedrotty 171
Sportumfang 18
Steroidmissbrauch 74, 175
Substanzabhängigkeit 53
Symptomstärke 145

T

Theorie des sozialen Vergleichs 127
Toleranzentwicklung 25
Training 56, 93
Trainingsalter 58
Triathlon 56
Typisierung 46

U

Übertraining 95

V

Verletzungen 30
Vulnerabilität 99

W

Wearables 83
Wettkampf 96
Wirkfaktoren 172

Z

Zielorientierung 123
Zwang 22